OUTLINE OF GREAT BOOKS

世界社會科學名著精要

約翰・亞歷山大・漢默頓 編著
J. A. Hammerton

柯柏年——譯
李華夏——審定

五南圖書出版公司 印行

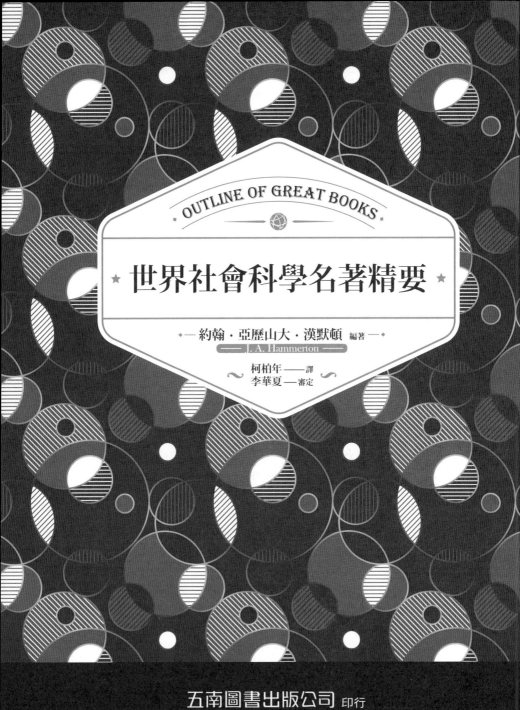

審者序兼導讀

這本《世界社會科學名著精要》是從一九三七年出版由英國漢默頓爵士（Sir J. A. Hammerton）所編《名著精要》（*Outline of Great Books*）抽選其中一部分翻譯而成；原文書是摘取二百五十部世界名著之精華而成，涵蓋歷史、哲學、科學、宗教、詩文、傳記、遊記、雜文八大類。其最大的特點是書內所有文句都非編者之言，全採各名著作者之原文，只不過是精簡本而已。此譯本選的只是哲學名著這一部分，即使如此，也僅是由四十五本中挑出二十六本。中文譯者是柯柏年，於民國二十五年三月初版，而後民國一〇六年四月由上海社會科學院出版社重印。唯因時空背景和用詞之不同，及原譯文有許多疏漏之處，五南圖書出版公司在重印前找本人審閱，爲求忠於原作者，本人大膽刪增譯文，非出於不敬，僅以學術考量；凡原譯文沒有誤譯處，則盡可能維持，以示尊敬前輩。

最爲人所熟知的「向外取經」當是唐朝玄奘有計劃翻譯印度佛經，且是在中國國勢最強的時候，主動學習外國文明。而向「西方」取經可是在中國國勢呈現疲態的明末清初，由義大利神父利瑪竇（Mateo Ricci）帶動的廣譯算學、天文、水利、神學、哲學等，屬被動式接受外國文明。西學雖東漸，卻未成潮。鴉片戰後，「師夷之長」先在上海、江南、香港、澳門萌芽，也只見零星翻譯，不見規模。隨著民國肇建，才有大規模翻譯西方經典之舉，據考證，僅至民國二十四年，上海生活書店編輯《全國總書目》曾制定全新分類，計爲：「總類、哲學、社會科學、宗教、自然科學、文藝、語文學、史地、技術知識」可見一斑。這波姑且稱之爲「民國西學」，在戰略上或有其高度，但在戰術上卻受制於：

(1)譯者知識廣度、外語程度、經驗深度，尤其是早期譯者多從洋神父學得外語，因後者中文表達能力有限，而影響譯者的措辭準確度；

(2)譯者心態：爲財，則求快，疏於核實；爲名，則找學生代筆，難查其漏；爲用，則接上中國思維以減少阻力（最有名例子，郭沫若曾以馬克思的共產主義況《禮運大同》篇），而遭民間誤用；爲政治目的，則斷章取義，以彰其好；略而不譯，以隱其惡，或反之。遂使不懂洋文之讀者未能得窺西方思想之全貌，且因後者因急於趕上「西潮」，常以中文之譯名生衍生義，致迄今仍處思想殖民地，也就達不到「欲求超勝，必須會通，會通之前，必先翻譯」中「超勝」——創新的初衷了。

無論是思想或是學說，也不管古今中外，只要對社會當前環境有利，都應博學之、審問之、慎思之、明辨之、篤行之。此譯本所選的書，從公元前四百多年至公元一八六三年，近兩千三百年時間跨度，要做每本的導讀是有點難度，乃突發奇想，採用原編者漢默頓爵士的做法，將中譯字句各取其精神，連貫成由希臘文明到西歐啓蒙後的思想脈絡，依由內而外的順序（分成十大項）竟能繪出一個人類理想的社會路徑圖，讀者不妨細心體會，旨在彰顯以前人之智慧啓發後人之智慧的重要。至於是否認同，則「知我者，謂我心憂；不知我者，謂我何求」。各句之後括號內的阿拉伯數字表其出自第幾本書。

壹、對神的信仰

我一定要爲自己作簡短的辯護，不過結果如何那就要聽憑神意了。[1]特爾裴告訴察勒芳說：「沒有人比蘇格拉底更有智慧」，我自己是不知道我有智慧的，但神的話又是不會假的。[1]惡魔也是神之一種，或者是神之子孫，所以你是不能以爲我是不信神的。[1]違背了人類的或神的威權，我知道是惡的。[1]我們必得承認神是具有一切的美、善和幸福。[3]知識的雛形是神的智慧或有學識狀，顯現於天地的創造。[8]我尊敬我們的神學，但到天國之路，既然對於不論有知識的人或無知的人，都是開放的，而且導至天國之啓示的眞理，不是我們的理解力所能及的，我不敢用我們孱弱的推理去處理它們。[10]

在任何禁止教會集合的國家中，教會的議會自是不合法的。[10]每一個基督徒都隸屬於各人的國家，所以，他不再受任何別人的指揮。因此，不能有這種所有人都必須服從的普世教會。[10]教皇之職權並非在政治的主權者之上，而是出自主權者的權威。[10]

意志與知性是同一回事，我們分有「神」的本性。[12]人們如果心中有「神」，他們會民主地管理自己的。[15]我們的「主」將和平給與基督徒的。[9]望「全能者」（只有祂能如此做）在信基督教的執政者心中刻上這些格言！望「神」也賜給他們以一個心智，能理解「神」的和人的法律，並且抱著他們是以牧者身分被委以治理人——人都是「神」所造的，是「神」所愛惜的。[9]

我自己，凡所稱爲我的一切在內，不過是這堅固大自然的必然之鍊鎖的一環。我之存在並不是出於我自己的能力。我之被稱爲「實有」，是出於我身外的一種能力。這能力應是大自然的普遍能力——我是它的一部分。生出來的一定是我，絕不能爲別人，在我存在的任何時間，我只是我，不應是其他。[23]在我直接的意識中，我所見的自己是自由的；思索了整個的大自然，我就發現我不可能是自由、不可能爲一自由的執行者；前者一定要隸屬於後者，因爲只能透過後者才得以說明。[23]

研究人類智能的發展，發現它經過三個階段：1.神學的、2.形上學的、3.科學的或實證的。在神學的階段，它以超自然的「實有」（神）來說明世界。在形上學的階段，它以抽象的力來說明世界。在科學的或實證的階段，它就研究各種現象之間的關係。[25]

貳、對「知」的尊崇

招引青年們與他們談話並收受青年們的束脩，而不是一介不取，純以交流爲樂；像他們這樣能夠把知識授人，那是很好的。[1]他自以爲具有知識，我卻沒有這樣的幻想，那麼，在這一點我是比他有智慧了。工藝家對於自己的那一種工藝是知道的，因此，他們就以爲對於一切的事物都知道。[1]我以爲對於每一個人都有益處的，是勸他先顧及怎樣使自己達到自己最善、最智的地步，然後才顧及他個人事物。[1]

「普遍」也許能啓發「特殊」。[2]在個人方面可曾發現這三種質性——知性的、感性的或朝氣勃勃的，與貪慾的？[2]對於複合多樣的特殊事物具有好奇心，並不就是渴求知識。[2]一個恆常的觀念，才是知識。[2]凡在既非「是」也非「不是」間起伏和變化的是意見的主體，是介乎知識與無知之間的一種狀態。[2]一定要訓練靈魂先從追求一切的知識開始，到有能力追求那最高的——比正義與智慧還要高——「善」的觀念。[2]「善」是眞理的來源與原因，它不是眞理也不是觀念，它是在眞理與觀念之上。[2]由此就可推論出心智有四種機能，我們稱之爲純理性、悟性、辯證，與知覺；前兩者是關於「本體」的，是智力的領域；後兩者是關於「適（成）爲」的，是意見的領域。[2]靈魂的因素有三——理性、精神、慾望。[2]靈魂的愉悅是永存的。[2]

心智有一狀態，既不是知識，也不是無知，而是正確的意見。[3]心智的態式有三種：情緒或熱情、官能與習慣，我們對於熱情本身，或對於官能並不加以褒貶，所以，它們不會有「德」，但習慣或制約卻一定會有「德」。[3]

人類的學問之三個部分與人類的悟性之三個部分有關——歷史與人類的記憶、詩歌與人類的想像、哲學與人類的理性。[8]關於心智官能的知識有兩種：一是關於悟性與理性的，一是關於意志、嗜好與心情的。想像力在這兩部分是很活躍的。[8]

人性的法則是正當理性的支配，指出任何行爲都具有道德上的罪過或正直，與我們的理性的——和社會的——本質相合的就是正直，相背的就是罪過。[9]意志不能說是一自由的因，只能說是一必要的因，意志只是思想的某種形態，一如知性。它需要有一因以決定其行動，所以不能說它是一自由的因，只是一必要的因。[12]我們所有的知識，都以經驗爲根據，知識就是從經驗中自我導出。[13]知覺是我們智力官能的第一工作，是一切知識進入我們心智的入口。[3]

精神是一單純的、不可分的、主動的實有；當它感知觀念，則稱爲「悟性」，當它產生或運用觀念，就稱爲「意志」，精神的本性是不能由其本身去認知它，只能由其所產生的結果去認知它。【14】我們所依賴的心智在我們體內刺激起感覺的觀念，其所設下的規範或定法叫做「自然（人性）法則」。【14】人類的知識或可減至兩類——觀念的知識與精神的知識。【14】從經驗的一切推論，都是習慣的結果，而不是理性作用的結果。【16】我們已觀察到人性在諸特殊觀念之間建立了連繫，……這些連繫或聯想的原則，我們已化約為三種——即類似、連續，與因果。【16】

經驗是我們所意識到的事務，它也是我們理解的第一結果，但不是我們悟性的極限；因為它刺激我們理性的官能，但並不滿足理性的知識欲。【18】我們所有的知識，或是先天的、或是後天的。知識若得自可感覺的經驗——包括可感覺的印象或情慾——就是後天的知識，知識如非由此得到，而是包括任何普遍的或必要的事物，就是先天的知識。【18】直覺與概念就構成我們全部知識的元素。因為有直覺而無概念，或有概念無直覺，都不能產生任何知識。因此，就引出科學的二部門：「美學」與邏輯；「美學」是感受性規範的科學，邏輯是悟性規範的科學。【18】

實踐法則的領域中，理性影響意志並不以苦或樂為中介。一切有理性的人必然求享幸福，但他們對於達到幸福之手段，或享受幸福之對象，意見並不一致。要發現任何法則，使所有的人都帶來和諧，是絕對不可能的。【19】

我所熱切渴望超越一切概念的事物是什麼呢?依照你的知識，人的命運不單是「知」而是「行」。[23]知覺的觀念與抽象的觀念是不同的。前者包括整個的經驗世界，後者是概念，在地球上一切的生物中只是人類才具有的，因為人類有能力得到它們，使人類有別於下等的動物，這能力稱為理性，[24]

大自然所關心的不是個體而是物種。大自然毫不吝惜的提供物種，或是以多得不可計數種子，或是以能結果實的大力量，當一個體已盡了延續物種之任務時，大自然是放棄個體的。大自然毫不修飾地表示出這個偉大的眞理，即，只是觀念，不是個體，有實在的實有，而且是意志的完全客觀性。[24]

參、重視人的權利

一個人是要與善的市民共處的，因為不善的市民對於他是會損害他的;那麼，我就不能特意製造不善的市民，世上是沒有人故意使自己受損的。[1]國家餘下的美德，就是國家的每一分子都穩定發揮其本身在國家中所負——不是其鄰人——的特定職能;其次，我們就要看這在個人方面是怎樣達成的。[2]「愛」在實質上是各種的善。

【3】靈魂的美比形態的美，對於我們的吸引，更來得神聖。【3】這最高的「善」的名稱是幸福：良好的生活或福利；政治的目的就是要達到這最高的「善」。【4】柏拉圖派以爲幸福是在於「善」的抽象概念。【4】普遍的「善」之知識停留於抽象空想，在日常生活上是沒有實際用處的。【4】

我們既把「幸福」與「德」視爲同一，就得區別積極的「德」與德性。其他各種的「善」導致積極的「德」，它們是幸福的元素。【4】「德」有兩種：一種是知性的，從學習獲得的；一種是道德的，從實踐獲得的。【4】「德」的程度，是實行「德」之結果。【4】我們的行爲，一定要落在「過」與「不及」這兩個極端之中間。【4】「德」是習慣，出之於正當的理由所指引且形成習慣，而與之相應的動作，每一個這樣的動作以及整個的過程是自願的。【4】「幸福」它並不是一個習慣，但存之於習慣性的活動。【4】人的最高官能是理解力，理解力的活動就是其最高的幸福——沉思。【4】沉思的活動只要有極少的物質必需品就夠了。但沉思如離開了行爲，並不導致道德的生活。【4】幸福是包含於德行之習慣中，藉天性的偏好、潛移默化，與理性而達到的；後兩者的發揮，就是教育的分內事。【5】

道德性質的事情，那些爲達某一目的之手段，也具有那目的之性質。所以我們有權可以運用那些為達到我們正當的權利所必要的事情。[9]如果在私人的關係中，公平是不可或缺的，人道是值得稱讚的；那麼，國家——或國家之一部——間之關係，更要有公平與人道，因受利或害所影響的人是很多的。[9]

所有的人是同一程度的，生下來都是平等的，具有同等的自然權利，那些自然權利是他們所有民權之基礎。[21]當我們說任何一物是某人的權利時，我們的意思是說，他對社會有保護其占有該物的正當請求，或者是藉法律之力，或者是藉教育與輿論之力，具有一種權利就是社會必須保護其占有該物。[26]

肆、正義比生命重要

在我之先，已有善人因流行的誣謗而被判有罪；並且我一定也不是最後的一個，因此被判有罪的人。[1]在那些有價值的行為中，生命的危險是不值得考慮的，假如是有考慮生命的必要。……難道當神命令我執行一種行為的時候，我就會因怕死而不執行嗎？？[1]在國家內找尋正義——較大的正義——可以幫我們在個人內找到正義——較小的正義。[2]靈魂之美德作爲一整體就是「正義」，[2]哲學家在他的心智中，具有正義、美、眞理之完善的式樣，他的知識是永恆的知識。[2]至於某個人因謀全體的善而吃苦是無甚緊要的。[2]正義本身對於靈魂是最好的。[2]一切創造藝術的作品是智力方面的成果，尤其是政治上的智慧——我們稱之爲穩健與正義。[3]自由上的平等，不是他人所想的那個樣子，在任何方面都應該平等。[5]人人都有信仰自由，但是沒有人可懷有如此低賤的想法，以爲靈魂是隨肉體而消滅的，或世界的運行是無法預見的、沒有神意管理的。[6]

對我們有用的就是「善」，阻礙我們擁有「善」的就是「惡」，人遵從理性的指令而行，不求自己的私利，而求全體的幸福，這就使他們成爲公正的、忠誠的、高尚的人。[12]在當前事務的秩序中，「德」比「惡」更能使心智安靜，並更得世界的歡迎。[16]如果我們以個人一己的幸福爲意志決定的動機，我們就正違反道德原則，這個矛盾不單是合邏輯的，也是實踐的。因爲如若意志不能清楚聽從理性，即使對最正常的人而言，道德就完全毀滅了。[19]如果所意識到的結果是壞的，即使動機是好的，那種意向我們還是可以說是壞的；反之亦然，在這種意義上，意向也可以是無害。[20]

幸福並不一定要減少私人與公共情感，及心智的修養程度，每一個人在修明、自由的國家中，擁有適量的道德與知性的量能，而他又避開赤貧、疾病，與死亡，和別人的錯誤所帶來的悲傷，他是能夠幸福的。而且，貧乏與疾病是能夠克服的，每一個睿智與曠達心智的人在克服貧乏與疾病中會獲得幸福。[26]只在極不完善的世界中，才有以「自我犧牲」去爲他人求幸福的，但在這個不完善的世界中，我承認「自我犧牲」是最高的美德。[26]「正義」的觀念假定兩種事物：行爲的規律與裁可這種規律之情操。[26]

伍、對法治的期望

使他們能根據法律來下公正的判決，而不是以好惡來下判決。[1]法律包括凡足以影響我們鄰人之一切的德的行爲，所以，這種廣義的「公正」是一個涵蓋性詞彙，與「正直」這個詞相同。[4]我們用「公正」這個詞一定要限於狹義的。[4]我們所涉及的「公正」有二分支：1.分配的；2.糾正的。[4]分配的公正要考慮及各方的優點；糾正的公正只要把那已被干擾的平衡恢復起來即可。分配之問題，並不是如何分配得平等，而是如何分配得得當；這可適用於報復。[4]在國家，何爲公正，有一部分是由事物的性質決定的；有一部分是由法律或習俗（慣例）決定的。【4】一種在表面上是不公的行爲，如果是得到了受害者之允許而後行的，就不算不公。【4】要導致道德，不只要有知識，還絕對必須有正當的行爲習慣，用強迫手段也許就把習慣培養成功。所以，國家採用強迫手段是恰當的。【4】（「理想國」的智者）相信靈魂是不滅的；最大的幸福是出於上帝之恩惠，行善終得賞，作惡終受罰。【6】

一個國家如果只有少數的法律，但執行極嚴格，其治理一定是較完善的。【10】基本契約把自然的自由毀了，而以道德的與法律的平等，代替人與人之間自然肉體的不平等；所以，人的體力與才能雖是不平等，但契約與權利使他們一律平等。【15】法律是普遍意志的表達，其條文與意義必須爲普遍的。【15】一條法律非由人民親自核准，就全然不成法。【15】一個人如何能享有自由，而同時又服從他們所不贊同的法律呢？當在人民大會提出一條法律的時候，問題並不完全是公民對它贊同與否，而是它是否適合普遍意志。那麼，成爲少數只是證明，他們對普遍意志的估計是錯誤的。既經宣告成立，他們以公民論，是參加在內的，以臣民論，他們是一定要服從的。【15】

陸、對平權的嚮往

如果婦女要與男人從事同樣的職業，她們就一定要受同樣的音樂與運動的教育。【2】男女的不同實在不過是能力程度上的不同，並不是性質的根本不同。【2】男人與婦女一定要一起受訓練一起過活，可是不能淫亂。【2】沒有「我的」與「你的」，團結才得以保證，因爲意見不和的主要原因已經消除了；由國家公養，就可以化除一切挑起吝嗇或卑屈的情緒。【2】但這一切要怎樣才有可能實現呢？【2】當國王是哲學家或哲學家是國王時，才有可能，而且只有那個時候才可能。【2】

柒、對人口的控制

完善的國家之所以淪爲尊榮政治，是因爲國家生育數量的法則（一個未解決的疑謎）沒被充分遵守，造成較劣的後裔進入統治階層。【2】人口的增加，自然是常被食物缺乏所抑制。但，除了在饑荒的時候之外，這種抑制是不發生作用的。對於人口增加主要的抑制是，道德的約束、惡行和不幸。【22】前人所提的一切「平等制度」之所以必然失敗，是因爲平等與財產共有，毀去「道德約束」這種預防性的抑制（人口）之動機。「道德約束」這種自然抑制，其作用完全是依靠財產與繼承之法律的存在；而在平等與財產共有的國家，就只有用某些性質迥異和更不具自然特性的人爲管制來代替它們。【22】共產制度是適於戰爭的。【2】

捌、對經濟活動的判斷

金融不論在任何場合都是非自然的。【5】金融本體包括商業的領域。在這兩者之中間是那些對生活只有間接關係的物品之生產，金融最有效力的策略是奪取供給之壟斷權。【5】而金融的管理鼓勵了貪婪。【5】一切商品交換價值的眞正標準是勞動。……只有勞動，其本身的價值是永不變動的。……勞動是商品眞正的價格；貨幣只是它們名目的價格；同等的勞動量，在相隔一段時間，以等量的穀物（勞動者的維生物資）來購買，是比以相等數量的金，或任何其他的商品，所能購得的，較近於相等。【17】資產的利潤不能視爲某種勞動——監督與指揮的勞動——的工資；因爲它們完全由所運用的資產其價格來規範的，利潤的大或小是與資產的規模大小成正比例。[17]

玖、對教育的重視

讀、寫、素描、運動和音樂是公認的課程，前四種是基於效益原因，音樂是顯然要訓練能正當使用閒暇的時間，這與純供消遣的有別。[5]王侯一定要讀歷史，注意偉大人物的行爲，檢驗他們的勝利與失敗原因，模仿那些著名的人物。[7]王侯必定要學習怎樣使壞，必須做好時就做好，必須使壞時就使壞。[7]

在社會中降低二至三級，尤其是在梯子的末一級，教育告終而無知開始，一般人以爲這並不是妄想，而是眞實的惡。良好的社交，必是自由的、平等的、與互惠的；把利益施於人，也受人利益；絕不是受扶助者與施恩者，或貧人與富人那樣的社交。[22]

所以，效益主義最後的制裁，是人類良心與社會觀感。效益主義的道德基礎是人類的社會本能，如果這種本能，由宗教、由教育、由實例，加以發展，我想就沒有人對幸福道德制裁實力有任何不安之必要了。【26】

拾、政府的職能

柏拉圖的目的是要產生「劃一性」，但「劃一性」對於國家是具破壞性的，國家依靠著各人各盡不同的職能。我們必須保持那種「多元性」。【5】（一個王侯（國家））如果成爲了使別人偉大之原因，他自己就失敗了。【7】如果新取得的國家從前是自有其法律而且是自由的，有三種方法可以保持它。第一，是毀滅它；第二，是住在那裡；第三，讓它沿用自己的法律，從那些對你親善的住民中間，選出其統治者。【7】

文明愈完善，對政府的需要愈少，因爲它愈能管理其自身的事務及管理自己。【21】如果我們追溯政府的起源，我們就看出政府之產生，若不是出於人民，就是超乎了人民。在那些從人民產生出來的政府中，個人自己每一個人都有其個人權利與主權。他們訂立契約而產生一個政府。這是政府有權產生的唯一方式。這契約是憲法。而憲法不能只是空名，而是實在的事物。不論在什麼地方，如果憲法不以可見的形式產生，就沒有憲法。憲法是在政府之前的事物，政府不過是憲法所創造的事物。一國的憲法，並不是其政府的行爲，而是組成其政府之人民的行爲。[21]

李華夏

脫稿於二〇二〇年六月三日

禁煙節

自序

這本書是從英國的漢默頓爵士（Sir J. A. Hammerton）所編的《名著精要》（*Outline of Great Books*）選譯出來的。原書是摘取二百五十部世界名著之精華而成的，我所選譯的只是關於社會科學的一部分。

這本書有一最大的特點，就是，所用的文句並不是編者寫成的，而是引用原文的；換一句話說，是節約原書而成的。所以，讀者還能窺見原書之眞面目，不過是簡約的。這與「名著解題」一類的書是完全不同的。

這樣的書有四種功用：第一，凡是沒有功夫讀原著的，從此書可以窺其大概；第二，凡中國還沒有譯本的，不識外國文的讀者，也可從此書得知那些名著的概要；第三，凡打算讀原著的，先讀此書，就可得知其要點，一方面既可引起他讀原著之興趣，另一方面又可幫助他對於原著之理解；第四，凡已讀過原著而已忘記的，可以用此書以複習。

我譯述時雖是很小心從事的，但錯誤在所難免，萬望大家指正。

柯柏年
三月六日

目次

第一章　辯訴（申辯）

——柏拉圖

柏拉圖（Plato）的《辯訴》（《申辯》下同）（*Apology*）是在蘇格拉底（Socrates）受審數年後發表的，敘述蘇格拉底被控誘壞雅典青年開審的情形。蘇格拉底不只是反對者對他有所誤解，就是信從者也大半對他不十分瞭然。雅典的資產階級以爲蘇格拉底是要把他的學生們變成苛刻的批評家、驕傲自滿的革命家。蘇格拉底所從事的雖是以破壞的批評爲主，但他不只是破壞還有建設的主張，要以之代替他所破壞的。他的死使他不能傳播他的主張。這篇《辯訴》對於蘇格拉底最重要的主張都說及，使世人對於他能有正確的認識。

〔柏拉圖是古代的希臘大哲學家，生於紀元前四百二十七年，死於三百四十年。他是唯心論哲學的大師。這篇《辯訴》已有中譯本，見《柏拉圖五大對話集》（國立編譯館出版）及《柏拉圖對話集六種》（尚志學會叢書）。〕

一、起訴狀與實際指控

雅典人，控告我的人們所說的話，雖然頭頭是道，但沒有一句是實在的。最使我驚異的，是他警告諸君不要被我極致的雄辯所欺騙；因爲我是毫不善辯的，除非把說出眞理就當做是雄辯。我只用日常的辭句，不加以修飾，不用預思而隨口說出。我年已七十，但這次的對簿法庭還是生平第一遭，對於打官司的技術是毫無經驗的。我所請求諸位的，是留心於我所說的話是否正當。

我要爲自己辯護，應先答覆安尼托斯（Anytus）以前的以及後來攻擊我的人們所說的話。這些人物雖是精巧的，但我對於下面這一種人更加駭怕——他們在你們少年時代，就警告（不合事實的警告）你們不要上蘇格拉底的當，說蘇格拉底是一個有智慧的人物，不論天上的或地下的事物，都要論究，而且要把壞的說成好的。他們的攻擊是較爲巧妙的，因爲一個人的行爲如果是他們所說的那樣，你們一定以爲他是不信神的了。我不能把這樣攻擊我的人物，一一指明出來，只能說其中有一個是喜劇作家；我不能對他們各個駁覆。但是，我一定要爲自己作簡短的辯護。癥結何在，我想我是知道的；不過結果如何，那就要聽憑神意了。

這種攻擊的根據是什麼呢?麥勒托斯(Meletus)攻擊我是以什麼爲根據呢?「蘇格拉底是一個惡人,他很忙碌,他窺探天上的和地下的事物眞相,並且教別人也跟他這樣做。」亞理斯多芬(Aristophanes)所著的喜劇中,蘇格拉底的行爲就是這樣;這是你們所知的。我對於這種質問是不想回答什麼話的;但麥勒托斯不能用它們來攻擊我,因爲我與它們是不相干的。你們之中,有許多曾聽過我的演講,但我的演講從沒有涉及那些題目。從這一件事,你們就可看出其餘攻擊我的話是眞、是假了。

又有人攻擊我授學收費;這也同樣是不實在的。哥爾期亞(Gorgias)、普洛狄昔斯(Prodicus),與喜庇亞(Hippias),往來於城市之間,招引青年們與他們談話,並收受青年們的束修而不是一介不取,純以交流爲樂;像他們這樣能夠把知識授人,那是很好的。我又聽說有一個巴羅人(Paros),名字叫做厄微那斯(Evenus),現在也是這樣做,收費五個「密那」(Minæ)。具有這種寶貴的知識——假如他們確實具有這種知識——以之傳授他人,那一定是愉快的。我自己也想要這樣做,可惜我並不具有知識。

你們或者要說,「那麼,蘇格拉底。你的麻煩是從什麼地方來的呢?假如你沒有什麼特異的行爲,這些謠言和毀謗是怎樣發生的呢?」

我把對於此事的解釋告訴你們。這是因爲我好像具有某種智慧——完全不是和上面所說那些人物那樣超人的。我並不是驕傲而說這句話，而是根據特爾斐（Delphi）的神諭說的。特爾斐告訴察勒芳（Chaerephon）——你們是認識這個人的——說：「沒有人比蘇格拉底更有智慧。」我自己是不知道我有智慧；但神的話又是不會假的。那麼，他的話是什麼意思呢？

我要找出他的意思，就去謁見一個以智見知於世的人物，想要證明世上有一個比我更有智慧的人。但是我發現他毫不聰慧，雖然他自以爲智。我試以此告訴他，但他只是很生氣。我就得到這樣的結論：他自以爲具有知識，我卻沒有這樣的幻想，那麼，在這一點我是比他有智慧了。凡以智見稱的人物，我都一個一個試過；使我成爲一個很被人討厭的人，因爲結果多是相同的。詩人、政治家、工藝家，都是這樣。工藝家對於他自己的那一種工藝是知道的，因此，他們就以爲對於一切的事物都知道。

我繼續利用每一機會來找出那些以智聞而又自以爲智的人，是不是實實在在有智慧，並且指出他們並不智。因爲我暴露他人的無知，他人就說我有知識；其實是沒根據的。而且，我因此而成爲其他許多人誣謗的對象。許多有地位的青年曾聽過我的談論，也學我的樣子，暴露別人的無知；人們也因此歸罪於我。說我是一個品性不善的人，教壞了青年。誣謗者爲要證明我是一個壞人而且教壞青年，就說我窺探天上地下的事物，以及其他的壞事，而以這些事來控告我了。

二、麥勒托斯的對質

這就是我對於諸位早已聽到的那些攻擊的答覆。現在我要回駁麥勒托斯——良善的、愛國的麥勒托斯——最近以及其他對我的攻擊。他說我做罪惡之事，使青年墮落，不敬本城所尊敬的神，而敬外地的惡魔。其實做罪惡之事的不是我，而是麥勒托斯，他視控告如兒戲，對於素不關心的事現在裝作極爲重視的樣子。麥勒托斯，請回答我。我們的青年人，應該使他們成爲盡可能卓越的人；你以爲這是極重要的嗎？

麥：當然的。

蘇：那麼，告訴我們，使青年人成爲較完善的是誰，你當然是知道的。你爲何不說呢？你說是法律嗎？我所問的是「誰？」

麥：審判者，所有的審判者。

蘇：換句話說，所有的雅典人——只有我除外；你的意思是不是這樣？是不是只有我一人使他們墮落？誠然，我的處境是不利的！但是，就別的動物來說，如以馬爲例，能夠改良馬的，只有極少數的人。你的回答已表明出你對於教養青年這件事，是從沒有注意過的。其次，請你告訴我，與良善的市民共處是不是勝於與不善的市民共處？一個人是要與善的市民共處的，因爲不善的市民對於他是會損害他的。那麼，我就不能特意製造不善的市民。我的朋友，世上是沒有人故意使自己受損的。假如我教壞他們，那一定不是故意的，你就應該勸告我、教導我，不應使我上法庭；但你卻沒有勸告我、教導我，卻控告我！這且撇開不說，你是不是說我教青年們不信本城所信的神而信外方的神，因而使青年墮落？我教他們是有些神或完全沒有神？

麥：我說你是相信無神的。你說太陽是一塊石頭，而月是土。

蘇：妙極了，麥勒托斯，人人都知道亞拿薩哥拉（Anaxagoras）是持這個主張的。你只要出一個銀幣就可以買得那種知識啊！就你看來，我實在是不信神嗎？

麥：你毫不信神的。

蘇：那是不足信的！你一定是胡亂製造出這個謎來的；因爲在你的控詞中是控告敬神的！不論是誰，他如信關於人的事情、馬的事情，或器具的事情，他能不信有人、有馬，或有器具嗎？你公開說我相信關於惡魔的事情，所以信奉惡魔；但是，惡魔也是神之一種，或者是神之子孫。所以你是不能以爲我是不信神的。我對於控詞的答覆實在已是充分的了。假如我被判有罪，那並不是根據麥勒托斯的控詞，而是根據流行的誣謗。在我之先，已有善人因流行的誣謗而被判有罪，並且我一定也不是最後的一個因此被判有罪的人。

三、辯護

對於那有致死的危險的審判，我好像是應該覺得慚愧的。其實，在那些眞是有價值的行爲中，生命的危險是不值得考慮的。假如是有考慮生命的必要，特洛伊（Troy）的英雄們都是壞人了。每一個人都應該堅守崗位，生死以之。當我在坡替第亞（Potidaea）從軍的時候，都應面對死亡，盡我的職守；難道當神命令我執行一種行爲的時候，我就會因怕死而不執行嗎？

死是善是惡，我是不知道的；雖然有許多人以爲他們知道死是惡的。但是，違背了人類的或神的威權，我知道是惡的。我不願做那我已知其爲惡的事，以逃避那也許確實是善的事。假如你們現在以停止那些行爲做條件，而將我釋放，我若再犯則處死刑，我就會這樣地回答道：「雅典人呀！我敬愛你們，但我與其服從你們，就不如服從神；當我尚能呼吸和有能力的時候，我是不停止哲學追求的，也不停止和從前一樣地警告你們不要太顧錢財而不顧改善你們的靈魂。這是神的命令。假如這樣說就算是教壞青年，那麼我是教壞青年的。但如果有人說我所教人的不是這樣的話而是別的話，那麼，他是胡說八道的。雖然要處許多的死刑，我還是要這樣教人。」

不要低聲說話，請你們靜聽我說，因爲對你們是有益的。假如你們處我死刑，那麼你們損害自己是甚於損害我的，因爲做錯事是比那忍受錯事煎熬更來得壞。我愛神之命，從事於如虻蟲刺醒高貴的馬同樣的工作；你們要找到一個和我一樣的人物是不容易的。我從事這種工作，對於自己是毫無利益的；我的貧困足以爲證。

我這樣個別干預人家，而不參與公眾事務，這好像是很矛盾的。這是神或魔左右我的緣故——我對此早已說過，麥勒托斯在他的控詞中也已嘲弄及此。實在說起來，如若我參預政治，我早就死了。

但是我從沒有自居於教師的地位，也不以授學換得金錢。不論是誰，只要他想問我，他就可以向我發問，聽我所要說的話。人家喜歡和我聚在一起，因爲他們喜歡看見那些自以爲智的人物被暴露出不智。這種任務是神付託在我身上的；神在神諭、夢，以及神威的一切形式，都以此任務付託於我。假如我是教壞青年的，爲什麼青年不反對我？他們的父親、兄弟，以及親族爲什麼不反對我？假如這種指控是實在的，我周圍的人就有許多都應該出來反對我；但他們反而都願意幫我的忙。

我爲自己辯護的就是這種話。別人在我這樣的情形，但緊急性沒那麼強，都會使他的子女家人到法庭來流淚懇求，以得法官的憐憫，而我雖有三個兒子，卻沒那樣做；你們之中也許有的因此而忿怒。這並不是因爲我不尊敬諸位，而是因爲我以爲這是不合宜的。那樣子的把戲，好像死是極可怕的事；對我是有些驚訝，且被外方人看見，是有辱本城的面子——雅典人是以高尚見聞於世，而我在某些方面是被視爲比一般人更高尚的。

我以爲不應該用懇求的手段來感動我們的審判者，而應該把事實告訴他們，說服他們；使他們能根據法律來下公正的判決，而不依好惡來下判決。被麥勒托斯控爲沒信仰的我，怎能叫你們破壞你們的誓言呢？如果我這樣做，就叫你們不信神了，豈不是自陷於麥勒托斯所控的不信神罪名嗎？這事由你們和眾神決定吧！我希望能得到對於你們以及對於我自己都是最適當的判決。

四、判決之後

你們判決我有罪，並沒有使我難過；這是有許多原因的，其中有一個原因就是：我完全預期到會被判有罪。使我覺得奇異的是，由少許的多數通過判我有罪。顯然地，假如麥勒托斯沒有得到別的幫助，是不會得到這使他不致受罰的幾票的。

他所定的刑是死刑，我也要定一種刑罰——假定是我所應得的刑罰——以供諸位選定。我對於普通人的事業和奢望，是完全置之不顧的，那是對於我或對於你們都不會有好處的。我以爲對於每一個人都有益處的，是勸他先顧及怎樣使自己達到自己最善、最智的地步；然後才顧及他個人事務；對於本城也是這樣。我從事於這樣的工作，所應得的報酬，是把我當做大眾的恩人而供養於迎賓館（Prytanoum）。

你們也許以爲這只是傲慢，其實並不是。我自己並不覺得會對什麼人做過什麼錯事。時間不容許我作證明，我也不因處我以罰金，而承認我有罪。我有什麼好怕呢？麥勒托斯所定的死刑，對我而言，其之爲善、爲惡還不知道。我會因要避去這尚不知其爲善、爲惡的死，而擇定那知其一定是惡的情事嗎？監禁，去做除去猶大後基督十一門徒的奴隸嗎？罰金，被禁於獄中，候我付清罰金才得出獄嗎？其實這與囚徒是一樣的，因爲我是付不出罰金的。放逐嗎？假如我的同胞容不得我，我怎能期望外方人容我呢？

你們或者要問道：你爲什麼不能獲釋而以後不再開口呢？這是一件我不能做的事。那是違背了神，而且使生命不值得再活下去；雖然你們是不相信我的。我可以付一個「密那」的罰金。但是柏拉圖、克立托（Crito）和亞坡婁鬥勒（Appollodorus）

力勸我說三十「密那」，他們願爲擔保。我就提議三十「密那」。

雅典人，你們的敵人會責備你們把智慧之人蘇格拉底處死的。然而，我已年老，你們要等我死也用不著等多少時候啊！我對那些判決我有罪的人說：我之所以被判有罪，並不是因爲我的理由不充分，而是因爲我不肯使用那些取悅諸位、諂媚諸位，但辱沒我的方法。

但是，我對於那些判我無罪開釋的眞正審判者，我也要趁我尚能說話的時候，對你們說幾句話。我得告訴你們，那警戒我的精靈，並沒有阻擋我行我所行的路，其理由當然是，因爲我所做的是最善的、得神之佑的，死完全不是惡。因爲假如死是完全失去知覺，如同無夢的酣睡一樣，那是沒有什麼損失的；或者死是進入另一世界，已死的人所居的地方，舊時的英雄們、詩人們、智者們，都在那裡。能夠和這些人交談、詢問他們；那是價值無限的啊！

你們對於死應懷希望，因爲對於善人，不論在他生時或死時，都沒有什麼東西能夠損害他。至於我呢！我確信死勝於生。所以，我對於那些置我於死的人，並不怨恨。現在，我走向死，你們走向生；但生與死究竟誰比較好呢？那是只有神才知道。

第二章　理想國——柏拉圖

柏拉圖的著作中，有幾分之幾是蘇格拉底的主張，那很難說，因爲柏拉圖的見解，在他的著作中顯然是有發展的。他的〈對話錄〉，皆以蘇格拉底爲主人翁。這些〈對話錄〉是唯心論哲學的基礎，同時，也是文學上的名著。他的著作，要算《理想國》（*Republic*）的影響最廣大。在《理想國》中，蘇格拉底與人爭辯什麼是正義（Justice），而這次的爭辯，使他說出理想的共和國是怎麼樣的。

〔《理想國》此書已有中譯本，爲尚志學會叢書之一，商務印書館出版。〕

一、辯論怎樣發生

我偕格勞孔（Glaucon）赴貝狄士（Bendis）——塞雷斯的阿提密斯（Thracian Artemis）——的節慶，那是一個色彩繽紛如畫般的集會。當我們要動身回來的時候，波爾馬薩斯（Polemarchus）強拉我們到他父親塞法拉斯（Cephalus）的家裡去。已有好幾個人聚集在那裡，老人家很熱烈地招呼我們。他雖然有點衰老，如果我們用很幽默的態度來看待年齡，那是不會構成什麼困擾。當然，他是一位富翁，也是和別人不一樣；但這並不完全是因爲富的緣故。富之可貴，是你用不著去做那些觸神之怒的事，因而將來要受神罰；你也用不著說謊，也用不著負神的或人的債。你感覺到自己的行爲合乎正義（justice）；這種感覺就給你一個極大的安慰。

「但是，什麼是正義呢？」我說。「正義是不是指經常說實話與不奪取他人的財產呢？有許多場合……。」

「我還得出去，」他說「由波爾馬薩斯進行辯論吧！」

於是，我們就討論正義的性質。在與司拉司馬薩斯（Thrasymachus）作初步的小爭辯之後，格勞孔就起而應戰了。

姑且假定正義是可欲的——這是**爲正義本身及由正義本身呢**?抑或只是爲著正義的結果呢?抑或兩者皆有呢?世界大多是把它放於第二個範疇內,作爲一種麻煩的必要。受別人「非正義」的對待是壞的,弱者爲自衛計,團結起來,以制止非正義。但是如果有一個人得到了蓋基斯(Gyges)的指環,有隱身術,那麼,他就能夠順利的爲所欲爲,盡情取樂,用不著顧慮其合乎正義與否了。

再假定,有一個十分狡黠的人,他騙得了一切的美譽,取到了一切的物質享樂;同時有一個絕對正直的人,因各種偶然的事情結合起來,使他蒙不義之名。這位正直的人,爲人所摒棄、鞭撻、迫害;而那位狡黠的人卻享有財富、名譽,以及一切,而且他能夠向神買得他的平安。

亞丹孟托斯(Adoimantus)繼起支持他兄弟的主張。

他說:「詩人在各處宣揚德的報酬。但我們看見不義的人很興旺;宗教的乞丐跑到富人那裡,向他兜售「赦罪」(indulgences),而且條件不苛。一個富有機智的人一定會這樣說:一個人只要有正義的外表就會興旺,對於神呢,只要出極小的代價就能與他們得到和解了。這種強調正義的現世報,是致命傷。我們所寄望於你的,是告訴我們正義的內在價值——正義本身,不是正義的外表。」

「辯得好，」我說「尤其是你反對你自己的結論。雖然這個工作很難，我只能試試看。但我的弱視眼光也許使我能看大字勝於看小字。『普遍』也許能啓發『特殊』。正義是個人的美德（virtue），同時也是國家的美德；在國家內找尋正義——較大的正義——可以幫我們在個人內找到正義——較小的正義。」

二、蘇格拉底的烏托邦

社會之形成，是因爲，各種生產技術程度較爲熟練的人，供給了他人不同的需要；每個人的需要，由相互的安排與分工來供給。需要一天天增加，社區也就一天天擴大；以本身的產出與外人的產出相互交換；在生產者之外，就增添了商人和市場；到了人民僱用僕役，就有了過著簡樸生活的完全城市或國家。

我們繼續推進，開發了各種的文明奢侈品。當我們的城市與鄰近的城市要互相爭奪對方的土地時，我們就一定要有兵士了。我們最好的保護者，是一群挑選過性情極好且受過嚴格訓練的人，他們對於敵人是凶猛的，但對於友人是溫和的，就像眞正的哲學家和狗那樣以知識定高下。了解的，是友人，不了解的，是敵人——知識孕育優雅。

所以我們的保護者一定要受知識的訓練；我們必須要教育他們。音樂與運動——我們全國的智力與身體訓練——一定要授給他們。文學居先，我們先教那些不是眞實的事物，然後教那些眞實的事物——寓言先，實情後。但是我們對於這些教材一定要經過嚴格的檢查，把那些本質的謬誤刪去。

我們一定不能有那些把有害事物歸因於「神」的故事。「神」一定要如「神」實在那樣來表示——「神」一直是善的創作者，但永不是惡的創作者。而且「神」是不變的，沒有錯亂的影子。「神」沒有僞裝的必要。靈魂上的虛僞——本質的作僞——與「神」是不相容的。對於人類，欺騙有時是無罪的，或甚至是可稱讚的；但「神」不需要這種欺騙。一直是以完全眞實來呈現的。

同樣，我們也不能有那些引起對於死之恐懼的故事。我們不能說阿基里斯（Achilles）在下界說過，做肉體的奴隸勝於做亡靈的主人這樣的話。英雄們是不會有過度的悲哀與無節制的情感。連無節制的笑也不會有；「神」是更加不會有那樣的事情了。

眞理必須深植人心。談到醫藥上的虛假，是只有我們的統治者才可知道的，一定不好給別的人曉得。節制（temperance）——即自己控制自己與服從上級——是人人所必須具備的，但荷馬（Homer）所敘述的神與英雄，並不是都具有這種特質，因此，我們一定要把許多不符教化的章節刪去。至於那些描寫正直的人受磨難，而不正直的人反享福的，我們一定要留待將來再說，因爲我們還沒有把「正義」的界說定好。故事是要用詩歌的體裁來敘述的。

可能的形式，是簡單的敘述、模仿，及兩者的混合：旁句的戲劇、旁句與對話相混合。我們的保護者（guardian）應避免全套模仿，至少也要只是模仿那善的和高尚的。模仿一個惡的人物，是墮落的行爲。模仿一定要限縮在最狹小可實行的界限內。

但誰做我們實際的統治者呢？年長中的最優秀的，其堅決和言行一致而能通過誘惑的考驗。我們把保護者的尊號奉給他們，年紀較輕的就做他們的屬下。我們一定要想方設法使每一個人——保護者、兵士、市民——都相信這一個極偉大的謊言：他們和卡德摩斯（Cadmus）神話中的人一樣，是在陸地上塑成的，陸地是他們共同的母親；他們是兄弟姊妹，但由不同的金屬——金、銀、銅、鐵——構成，不一定是與他們的雙親同一金屬物；而且，一定要依照構成他們的金屬物定其級別。

我們的兵士一定要留在軍營，以保護城市。他們的事務是當兵，不是謀利。他們一定要共同的生活，由國家予以充分的給養，沒有個人的私產。

三、正義與共產主義

我們現在就要討論「正義」了。我們先找尋其他三種基本美德，然後就會辨別「正義」。保護者具有智慧；如果他們有智慧，整個國家就治了。兵士是具有勇敢的；勇敢是對於危險有正確的估計，而這種能力是他們從教育得到的。節制，稱爲對自己的駕馭，實際是好的質性（quality）統御了壞的質性；好比在我們的國家中，優秀的階級（class）統治了較劣的階級。在不同的各階級之間，其和諧的相互關係，就是有「節制」之緣故。顯然地，國家餘下的美德，就是國家的每一分子都穩定發揮其本身在國家中所負——不是其鄰人——的特定職能。其次我們就要看這在個人方面是怎樣達成的。

在個人方面可曾發現這三種質性——知性的、感性的或朝氣勃勃的，與貪慾的？他們一定各做各的，因爲做某一部分事的時候，不能同時做與其矛盾的其他部分的事。貪慾叫你去做的事，是知性所禁止的。感性又與渴求和理性不同，雖然感性是與理性聯盟的。在理性的部分是「智慧」，在朝氣勃勃的部分是「勇敢」，而對管治慾望的就是「節制」；靈魂之美德作爲一整體就是「正義」；各部分永不會不執行它本身的功能，且所執行的只是本身的功能。現在問「正義有利呢？或不義有利呢？」這個問題，是荒謬的。

美德是單一的，惡卻有幾種形態。完美國家只有一種形態，就是我們的國家，至於它是君主政治或是貴族政治，就看保護者只有一人就稱爲君主政治，保護者不只一人就稱爲貴族政治。國家既有四種主要不完美形態，「惡」也有四種主要形態。

說到這裡，格勞孔與亞丹孟托斯就不讓我說下去；我規避了一個困難的問題。婦女與兒童怎樣呢？我主張兵士要過共同的生活，意思是不明確的。我所主張的共產制度（communism）是怎樣的呢？

好，現有兩個不同的問題：什麼是可欲的？什麼是可能的？第一，我們的防衛者是我們的守門狗。格勞孔對於狗是無所不知；我們並不分別雄狗與雌狗；雌狗也跟著狗群去狩獵。如果婦女要與男人從事同樣的職業，她們也就一定要受同樣的音樂與運動的教育。但她們應否從事陽剛的職業呢？婦女與男人是否有重大的區別，以致她們不能與男人從事同樣的職業呢？婦女懷孕、男人下種，但除此之外，男女的不同實在不過是能力程度上的不同，並不是性質的根本不同。男人之間也有不同的。本質既然相同，教育也就一定要相同，職業生涯也必須開放。

但是第二個及更驚人的衝擊威脅我們：妻子與小孩共有。「你一定要證明它是可能的，而且是可欲的。」男人與婦女一定要一起受訓練、一起過活，可是不能淫亂。他們的配對，應經過極仔細的選擇，以從事繁衍。在適當的季節，優秀與優秀的就依抽籤及爲特殊場合來匹配。中選的配偶所生的子女，由公共的育兒所來撫養；母親不知誰是她親生的兒女。只在二十五歲至五十五歲與二十歲至四十歲之間的男女，方允承擔傳宗接代。同梯次結合所生的，就算是兄弟姊妹。

沒有「我的」與「你的」，團結才得以保證，因爲意見不和的主要原因已經消除了。由國家公養，就可以化除一切挑起吝嗇或卑屈的情緒。

至於實踐性：共產制度是適於戰爭的。要帶青少年去觀看任何形式格鬥；懦弱的人被輕視；勇猛的人受表揚；在戰場上捨身的、或從事於其他最重要國家職務的，都要位列「半神」（demigods）中的英雄。反抗希臘的戰爭必要操作成反對我們自己的親人。但這一切要怎樣才有可能實現呢？關於這一點，第三個威脅性的衝擊又來了，這衝擊是最可怕的。

四、統治者的哲學

當國王是哲學家或哲學家是國王時，才有可能，而且只有那個時候才可能。哲學家渴求一切的知識。正義、美、善等。雖然它們的呈現是複合多樣的、變化的，但其實是單純的。對於複合多樣的特殊事物具有好奇心，並不就是渴求知識。一個恆常的觀念（idea）才是知識。反之，就是無知。凡在既非「是」也非「不是」

間起伏和變化的，是意見的主體，是介乎知識與無知之間的一種狀態。美，不論在什麼時候、不論在什麼地方，總是美。一件好看的東西，從別的觀點去看也許是很難看的。對於好看的東西之經驗，對於這些東西之好奇心理，必須有別於美的知識；我們必得把它們分清楚。不要把哲學家與鑒賞家相混，也不要把知識與意見相混。哲學家在他的心智中，具有正義、美、眞理之完善的式樣；他的知識是永恆的知識；他思索一切的時間與一切的存在；對於他的一切稱讚，都不會言過其實的。

「無疑的。即使是如此，爲什麼在日常的事務上，哲學家卻經常表現出很蠢或很渾呢？」

一位船上管理人員，如果不知道航海的技術是需要有關星辰的知識，那麼，他會把一名眞正合格的領航員稱作望星的呆子，而不許他駕駛船隻。世人以爲哲學家的抽象思維是愚蠢的，拒絕接受他的指導。哲學家是人之最優秀的。墮落的哲學家卻是人之最壞的。他們的惡質影響，除了天性極強的人之外，普通的一般人是不能抗禦的。一群以教哲學爲職業的人們，他們不是以引領一般人的意見爲主，反而是投其所好。一群團夥冒稱爲哲學家以騙世；眞的哲學家卻退出了這片廣大的世界。現存國度中不會讓哲學自自然然發展的，植於合宜的國家中，哲學的神性就會呈現。

我毫不躊躇地主張我們一定要使我們的保護者成爲哲學家。同時具備若干種必要性質的人，是很稀有的。我們的考驗一定要徹底，因爲一定要訓練靈魂先從追求一切的知識開始，到有能力追求那最高的——比正義與智慧還要高——「善」的觀念。

「善」與智力的關係，好比是太陽與視力的關係；「善」是眞理的來源與原因，那使我們感知「觀念」之光；它不是眞理，也不是觀念，它是在眞理與觀念之上，是它們的原因，正如太陽是光的來源與生長的原因。

還有，我們眼睛所見的物體，可以歸入兩個範疇——實物，與實物的複製、反映，或影子。與此相當，智力所知的事物，是在第二象限（如數學的），在那裡，先把若干假設（hypotheses）當做根本原理（first principles），然後從這些假設導出一切的事物；或是在第一象限，把假設僅當做我們升達眞正的、最後的根本原理之階梯。

由此就可推論出心智有四種官能，相當於上面所說的那四部分，我們稱之爲「純理性」（pure reason）、「悟性」（understanding）、「辯證」（conviction）與「知覺」（perception）。前兩者是關於「實有（本體）」（being）的，是智力的領域；後兩者是關於「適爲（成爲）」（becoming）的，是意見的領域。

五、影子與實在

讓我說一個比喻。人類——我們自己——好比是生活侷限在昏暗洞穴中的人，受種種的束縛，不能面對光明，是背向光的。在後面有欄杆，欄杆之後有火；我們所看見的，只是面前投射在牆上的影子，我們所聽見的，只是我們聲音的回聲。現在我們之中如果有幾個回轉身去，面朝著光，看看實在的形狀；在起初，目爲之眩，如果他們出得洞穴，置身於光中，直接望著太陽，目眩的程度是更甚的。但是他們現在能夠看得清清楚楚了，而且得到了由此而生的一切愉快。再把他們送回洞穴，他們就比那些始終在洞中的人們更看不清楚了；如果他們把在洞外所見的說給別人聽，別人就會當做是蠢人的喋喋囈語，或比這更不如。這樣看起來，無怪那些曾見到光明的人不想回轉到昏暗的洞穴——普通的世界——中去了。

但是，我們一定要記住，洞穴中每一個人都具有視覺的能力，只要他的眼睛向著光，他就看得見東西。肉體的慾望束縛著他背向著光，如果解去了這種束縛，每一個人**或許**會有所轉變且維持下去。所以，我們一定要選出那些最能面朝著光明的人們，叫他們回轉到洞中去，使那些洞穴中的居民，能得到他們的知識的利益。如果做這件事讓他們吃苦，那麼，我們一定要記住如前所說的：最要緊的是全體的「善」，至於某個人因謀全體的「善」而吃苦是無甚緊要的。

我們怎樣訓練他們去暗就光呢？要達到這個目的，我們的音樂的和運動的教育，是完全不夠的。我們一定要先教以算術的科學，次教以幾何學，再次教以天文學。教過了天文學，再授以抽象的和聲學——不是聽得見的聲音的科學。這一切都不過是最終的、最高的——辯證法這門科學——之準備。辯證法使理解力（intelligence）從事思索「善」——終極目標——的觀念。在這裡要再加以說明，是徒勞的。這是純粹理性的科學，是知識的冠石（coping stone）。

我們老早就知道了我們的統治者，一定要具備各種心智的和身體的稟賦，一切都要培養達到最高的程度。我們一定要從那些被選出的優秀人物之中，在二十歲的時候，再選出最優秀的，他們一定是最適於受教育的人，經過了十年的教育，到三十歲的時候，我們再擇出那些有信心能夠正視光明，且經過考驗而呈現出絕對的堅定，能不爲習俗的見解所動搖的，給他們以五年或六年的哲學訓練之後，他們就可出而擔負國家的重要職位，十五年之後，他們五十歲時就再從事於哲學研究，以備擔任統治者之責，或負教導後進者之責。

六、國家形式與個人形式

在離開本來的論題前，我們要討論國家的四種墮落形態，以及與此相對應的四種個人形態。我們在希臘所看到的這四種國家形態是：第一種，斯巴達式的（Spartan）國家，在那裡是個人的野心和榮譽當道，我們稱之爲尊榮政治（timocracy）；第二種，寡頭政治（oligarchy）是財富得勢；第三種，民主政治（democracy）；第四種，是個人的專制統治，我們稱之爲專制政治（tyranny）。把這種最不公正的政治形式與我們自己最公正的政治形式相比較，就可以顯示出「正義」與「非正義」哪一種更値得嚮往了。

完善的國家之所以淪爲尊榮政治，是因爲國家生育數量的法則（一個未解決的疑謎）沒被充分遵守，造成較劣的後裔進入統治階層。私有財產制之採行，使他們對於平民，不是採指導者的態度，而採主人的態度，而且他們之間也互相爭鬥；他們的教育，運動比音樂占優勢。野心與黨派意識，就成爲其特色。在治理不善的國家，偉大的人物退出了腐敗的政治生活，過著個人的生活；但他的兒子，若具有與這種國家形式相適的個人形式，在他的母親與諂媚的同件之煽動下，就不惜代價要爲他自己取回他父親所棄去的權勢；個人的野心成爲他的顯著性格。

寡頭政治是採行私有財產制度的第二結果。財富遠勝於美德，愛財、愛名、和富人把持了合法的政治壟斷權。國家分裂爲兩部分，一部分是富人，一部分是窮人，而窮人又分爲無能力的窮人，與極具危險或掠奪性的窮人。與這種國家形式相適的個人形式是：他的父親雖得到了聲譽，仍免不了毀滅；所以，他就捨棄了政治上的野心，惟以財富爲務，爲賺錢的緣故，不顧什麼卑鄙，惟保持著體面的外表。

在寡頭政治的國家中，貪婪的人激起和助長鄰人的奢侈。被貸錢者所毀滅的人們，奮起反抗他們有錢的統治者，推翻了他們，使每一個人都有權參與政府的事務。結果呢！國家不是一個、二個，而是四分五裂。人民隨意胡言胡行，人人都是揮動著國旗的政治家。這就是民主政治。這正是你們可憐的寡頭政治的兒子；不必要的享樂已無，流於恣意的放縱。他沒有教育幫助他辨別善惡，放縱的罪惡卻冠上了美德的面貌和稱謂。他的觀點搖擺不定，今天是這樣主張，明天卻那樣主張。

最後要說到的是專制政治與暴君。民主政治的放肆演變成無政府狀態。傭人是與他的主人同等的「善」。掠奪的人成爲煽動民眾的領袖，他們剝削守分的市民，強迫他們接受寡頭政治的秩序；於是，人民的友人就出現了；保護者、鬥士與英雄，經由大家所熟知的歷程，成為軍事獨裁者，他們魚肉市民以自肥，他們的僱傭軍隊也必然如此。我們不幸的平民，發現他們是剛鑽出煙霾又跳入火炕。我們民主政治的人物，受那時代的建制與情緒所左右；他的兒子卻受其貪慾裡最不合理的，和最獸性的部分所左右；成為霸凌和專橫的人，同時也是自身肉慾的奴隸。各式各樣的極惡之人都屬於這種類型，而最壞的是將國家帶入專制政治。可見專制政治的國家，確是極受束縛的，所以，在一切的人中最不自由的就是那專橫的人；而國家的暴君是不自由中最不自由的。

所以，艾里斯頓（Ariston）的兒子，宣稱：人之最公正的，就是那個能自我掌控的人，是所有人中最快樂的，不管神與人是否承認他。

七、公正之人的幸福

現在來說第二個證明。靈魂的因素有三——理性、精神、慾望——與這相對應，快樂也有三種。這三者之中，哪一種占優勢，是因人而異的。有人視財富重於知識，有人重視聲譽，但哲學家卻只重眞理。只有哲學家是從這三種不同的經驗而定其取捨的。唯有他是有資格可以判定精神的滿足居第二位，慾望之滿足占末位。

還有第三個證明。我偏愛想，唯有哲學家的愉悅是眞正的愉悅。在愉悅與痛苦之間，有一種中間的狀態。從愉悅降到這種中間狀態是痛苦的，但從痛苦升到這種中間狀態是愉悅的。肉體的愉悅，實在只不過是某種痛苦之免除。靈魂的愉悅，是永存的，所以一定比那些肉體的愉悅來得更實在。肉體的愉悅瞬間即逝，其實不過是愉悅的影子罷了。

我雖是很愛好而且稱讚荷馬的，可是我以爲我們對於詩歌的管制是極妥當的，但我們對於摹擬的意義必得作更深一層的探討。我們已知道所有特殊的事物是普遍觀念的呈現。床、椅、桌，是有一個終極的觀念。木匠所造的，只是那個觀念的複製品。一切的觀念是造物者（demiurge）的創造物；一切物質的東西，都是他創造物的複製品。我們能夠抓住物件在鏡中的影像，以這個方法創造物件。但這些只是特殊的物件改從某一觀點的複製品，是觀念的複製品的部分複製。

畫家的作品正是這個樣子，詩人的作品也是這樣。他們所知道的，所描出的並不是實物本體（reality），而只是外表。如果詩人知道了實在，那麼，他們所遺留給我們的，一定除了複製品的摹擬之外，還有別的事物的。而且，他們所摹擬的不是最高的事物，而是較低的事物；不是理性的眞理，而是各式各樣的情感。我們的責任不是去刺激情感，而是去統御和鎭壓它們。所以，我們禁止那些摹擬的詩歌，不管那些摹擬是何等的高尙；只許那些讚美神的詩歌，與稱頌偉人的詩歌得以流行。我們一定不能容許詩歌的誘惑，就像我們不許有野心或財富的引誘一樣。

美德的報酬是比我們所說的一切還要來得大，因爲不滅的靈魂所注意的只是那些永恆的東西。

「說什麼？靈魂是不滅的嗎？你能證明嗎？」

是的，靈魂確是不滅。一切的事物中，都有善有惡；某一事物之毀滅，不是由於外界任何事物的腐化，而是由於自身內部的腐化。如果肉體的疾病與傷害不能損及靈魂，**更不必說**（*a fortiori*）能致靈魂於死。不公——靈魂的腐壞——不是因身體的受傷而起的，如果罪（sin）不能毀滅靈魂，靈魂是不滅的。存在的靈魂，其數目必爲恆常；沒有消滅，也沒有增加；因爲不滅的靈魂如有增加，一定是來自那會滅的，但這顯然是說不通的。

我們在上面不過是指出正義本身對於靈魂是最好的，但現在我們了解它的報酬也是說不出的大。眾神——祂們是知道那些公正的人——如果不在現世賞他們，也會在來世賞他們的；而且就在這個世界，他們的命運長期來說是比別人好的。

那麼，讓我們相信靈魂確實是不滅的，緊握著知識與正義，在今世與來世我們都會有福報。

第三章　饗宴——柏拉圖

這篇洋溢著雅典偉大哲學家智慧和機智的對話錄，是描寫阿伽頌（Agathon）獲得悲劇年獎後，宴客時的辯論情形。參加辯論的有蘇格拉底、樂於在舞臺上模仿蘇格拉底的亞理斯多芬（Aristophanes）與出色的、多才多藝又放蕩不羈的亞爾西巴德（Alcibiades）。所討論的主要題目是「愛」的本質。這篇對話錄的特色，不只是在於洞澈入微的分析，令人激賞之描寫，也由此看出當時雅典的禮節，與亞爾西巴德所刻劃的蘇格拉底的儀態。

〔這篇對話錄已有中譯本，見《柏拉圖五大對話集》（國立編譯館出版）。〕

一、辯論的起源與開始

這個討論是很久的事。阿立斯托第馬（Aristodemus）是一個很佩服蘇格拉底的人，他參加那次的討論，把情形報告我。他告訴我，他遇見蘇格拉底，比平時漂亮得多，就問他要到什麼地方。蘇格拉底說，要赴阿伽頌的宴會，阿立斯托第馬因蘇格拉底的邀請，就偕他同去。在路上，蘇格拉底就停下來，叫阿立斯托第馬先行。到了阿伽頌的家，他受到熱烈的款待，並請他用餐，但那時發現蘇格拉底還沒有到。他站在附近的走廊，等到筵席已食過半他才入座。在座的人，除了阿伽頌之外，還有飛德剌斯（Phaedrus）、坡舍尼阿斯（Pausanias）、伊立克西馬塞斯（Eryximachus）、亞理斯多芬（Aristophanes），和別人。

用餐後，全體一致決定限制酗酒。因爲他們大都在上一夜飲得太多了。只有蘇格拉底的酒量過人，喝不醉，但也可有可無。他們不飲酒，而由伊立克西馬塞斯提出一個題目來辯論。

伊立克西馬塞斯說，「我的計劃其實是飛德剌斯的。他常抱怨詩和歌都是讚美所有別的神，獨缺讚美『愛』——一位極有力量的神。所以，我的計劃是每人都要盡他的能力讚美『愛』，由飛德刺斯起首。」

「在場的人沒有一個會反對你的，」蘇格拉底說。「我當然不反對，我承認除了這個題目之外，對於別的題目是一點也不知道的；阿伽頌不反對，坡舍尼阿斯不反對，亞理斯多芬也一定不會反對，他是阿富羅底（Aphrodite）和狄奧尼斯（Dionysius）的虔誠的信徒。」

全體的人再度一致同意討論這個題目。飛德刺斯就開始發言。

「愛是一位偉大的神，值得受人與神的欽仰是當然的。而且，它是我們最大的祝福來源。對於青年的人，最大的祝福就是得到一個眞實的愛人與眞實的愛，門第、財產、聲譽，或其他的東西，沒有一樣能如『愛』那樣激勵人，愛使他覺得他的生活是有價值的，羞有卑鄙的行爲，作高尚的競爭。因爲一個人在父母與同伴之前見羞，沒有在他所愛的人或他所獻身的同志（comrade）之前丟臉來得痛苦。所以，這一類的同志，是不願在危險時遺棄而甯願同死的。」

「沒有比愛更基本，有了愛，就有英雄的精神。愛使他願爲另一個人的幸福而犧牲自己的生命；不只是男人能如此，女人也是會這樣。這是很容易證明的，只要看皮力阿斯（Pelias）的女兒阿勒蒂斯（Alectis），願爲她的丈夫而死，她的愛是大大地超過了他的父母的。這種行爲，甚得神之稱許，因而釋放她的靈魂離開赫特斯（Hades）——這是很難得到准許的事。所以我說，在諸神中『愛』是最老的、最推崇的，其在生時和死時幫人得到了美德和幸福。」

飛德刺斯說完後，有幾人繼續發言，坡舍尼阿斯開始說道：

「如果『愛』是唯一的，所說是很對的；可是『愛』有許多。正如有天上的阿芙蘿戴蒂（Aphrodite）——天的無母的女兒——，與俗界的女神——宙斯（Zeus）與戴奧妮（Dione）的女兒——，故，愛也有天上的愛與俗界的愛。有價值的愛是那使我們愛得有價値的。一種愛是感官的、肉體上的；另一種愛是心靈上的，使我們擺脫一切輕浮的。愛那最優秀的，是最值得稱譽的，雖然他們沒有別的那樣公平。贏得愛是榮耀的，拒絕愛是羞恥的；所以，求愛的人不論用什麼手段都可以；求別的目標的，絕不能爲目的而不講手段，但對於愛人，他們是獲得恩赦的，可以這樣做而不被視爲卑鄙。」

「但是，榮耀與恥辱並不在於『愛』本身，而在於示愛的態度，看其是否做得有價値。俗界的愛是無價値的、不一致的、爲時極短暫的；但對於美德之愛，是持續終生的。」

二、亞理斯多芬與阿伽頌之爭辯

本來是輪著亞理斯多芬發言的，但因他打嗝，故由伊立克西馬塞斯繼起發表意見。他是要把「愛」當做就是身體組織的和諧。

「我不知道爲什麼我的肉體組織之和諧，要有這種打噴嚏的噪鬧的行爲，」亞理斯多芬說；「當我打了噴嚏，嗝就沒有了。但是我並不信從坡舍尼阿斯與伊立克西馬塞斯的主張。如若人知道了愛的力量，那麼，愛就應比其他的神擁有更多的廟宇與尊敬，但愛一樣也沒有。我要說明其緣故，一定要從人的本性說起。人的本性已有變更。第一，人除了男與女之外，還有第三種性，雌雄同體（androgynous）男女合而爲一，有四手四足，其他的器官也如斯對應。當倉促的時候，他就像翻觔斗的人一樣打滾；他們是極強健的。奧林匹克山的眾神（Olympians），對於他們是很傷腦筋，因爲不能滅絕他們，所以，宙斯決定將其剖分爲二。所以每一半都有與另一半再行結合之慾望。因此這兩性，這兩半一直是在努力求再結合爲一。你的愛人所眞切渴望著的，是要與他們的另一半合一起來，不論在肉體上與精神上都成爲眞正的一體。但是，假如我們不虔誠，我們也許有再剖分——即成爲四分之一——之危險。」

阿伽頌方專注一討論，在這討論中，蘇格拉底令他著迷。他繼起而發言道：

「我們沒有稱讚『愛』本身，而是在描寫『愛』之禮物。愛是諸神中之最快樂的、最優秀的、最美麗的。它是最美麗的，因爲它是最年輕的、最迅速的，它以飛行之勢越過老年齡，它是最恨老齡的。」

「就因愛的美德與能力，顯出它不用暴力，也不受暴力所犯；它是最有節制的，因爲它是比一切的歡樂和慾望都要強些。在勇氣方面，亞里茲（Ares）——這位得有阿芙蘿戴蒂之愛的人——不能與它相比。它有正義、節制、與勇氣；還有一點要說的，就是它的智慧。第一，我之讚美它，因爲我本身是一個詩人，正如伊立克西馬塞斯以醫師的眼光來讚美它一樣；它是一個有極強能力的詩人，能使以前不是詩人的成爲一個詩人，沒有人能把自己所不曉得的事物教人的。它的詩是宇宙的詩，阿波羅（Apollo）本身也是愛的學生。」

「舊時，『必要』統治了眾神，做了可怕的事。但當愛降生下來，一切的祝福都跟著它來了。它使人有和平，使海平靜，在憂愁中休歇和安睡著。它將我們從惡意中釋放出來，讓我們充滿仁慈，帶來一切的柔順而除去一切的橫暴，每一個人都應以甜美的詩歌讚美著它，將其融入『愛』所唱的美麗之歌，來治療眾神與眾人心中的煩惱。」

三、蘇格拉底論愛之不滅

當掌聲沉寂時，蘇格拉底就說道：「我的駭怕是有理的。在這樣完美動人的演講之後，我要說些什麼才能使人傾聽呢？我說我對於『愛』是有一點曉得的；隨後我就想我們所要說的，是關於這個主題的眞理；給『愛』以它所應得的榮譽；因此，問題就成為我們如何對『愛』稱讚得動人，而不顧事實，但我對於言辭的藝術是很外行的。如果你們對於我只說出，我在此時所知的眞理，而能滿意——」

飛德剌斯請他隨意選定他發言的形式。

「那麼，我可以提出幾個問題來問阿伽頌嗎？」

「當然。」

「『愛』是對於某事物的愛呢？抑無一事物的愛呢？父親是其小孩的父親，兄弟是其兄弟姊妹的兄弟。愛是不是與這相類似？是對某事物的愛呢？」

「當然。」

「對某事物的愛要求的是愛它，而不是占有它嗎？」

「是。」

「對某事物不再匱乏時，就不再渴望它嗎？」

「我以爲不會渴望。」

「那麼，愛是對於所缺乏的事物而言的了。但是你說『愛』喜歡美；所以『愛』是缺乏美的；所以『愛』不是美的了。這種推論對於善也與對於美一樣地適用！但是，讓我把女先知戴奧提瑪（Diotima）所告訴我的話，告訴你們，因爲我的論據是借用她的，我與她已辯論得很多，如阿伽頌剛才所做的那樣多。」

「不美的或不善的，不一定是醜的或惡的。正如心智有一狀態，既不是知識，也不是無知，而是正確的意見。所以『愛』不是人，也不是神，因爲我們必得承認神是具有一切的美、善，和幸福，但「愛」並不具有這一切，「愛」是演繹著神與人之間的中介者，半神。「愛」是許多神與人之間中介者之一。至於它的來歷，富裕（Plenty）是它的父親，貧困（Poverty）是它的母親；他具有這兩者的性質。神是用不著求智慧的，因爲神已具有智慧；但哲學家都要尋求智慧，因爲他們不是神，也不是普通的人；所以，「愛」必然是一位哲學家，渴望著智慧正如它渴望著各種形式的美。你的錯誤就在於把「愛」當做被愛者（beloved），而不把愛視作愛者（lover）。」

「你說，『愛』渴求占有美的東西。它所要占有的是些什麼呢？快樂是占有善的事物而快樂。每一個人都渴求占有善的事物。但我們不承認每一個人都是在愛，因爲我們已選擇一特定形式的愛，把普遍的名稱當做一種概念的名稱，正如每一個製造者都可恰當地稱之爲詩人，但我們把這一名稱留給某一特定類種的製造者。『愛』在實質上是各種的善，並不是自己丟失的另一半，渴求美永遠與它同在。它在美——肉體的美與靈魂的美——之中，扮演生殖的慾望，在必然滅亡中求某種不滅；無關乎美，而是不滅的，必定要如此，若非不滅就不能永遠存在了。」

「至於滲入一切存活的創造物之愛的現象，牠們表現出會死的性質，藉生殖這個唯一可能的過程以求不死。因爲會死的要達到不滅，其方法是不斷地補充那些已死亡的，並不是牠單獨的持續生存。所以，這個「愛」是一種求永生的傾向，採取了偉大的行動以求不滅。性愛就是展示對於肉體組織的不滅之企求；一切的創造藝術的作品是智力方面的成果，尤其是政治上的智慧——我們稱之爲穩健（moderation）與正義。不論在哪一個領域，這種藉傳播以求不滅之渴望，推動著我們，我們一定被美的事物所吸引，靈魂的美比形態的美，對於我們的吸引更來得神聖。而智力之子女是比肉體之子女來得可欲，因爲前者會得到甚至神聖榮譽的報酬，而後者卻不能。」

「他如果要有正常方法的愛，一定要在開始的時候就與美的諸形式進行交往，愛一個藉之而產生智力的美。但一切形式的美，是一體的，他對於形態的愛就會分散於許多形式；而靈魂的美是最優的，即使形式的美已凋謝，他只要有一美的靈魂也就夠了。這樣，他就會被導至對於普遍的美之思索，與美之科學了。這樣所揭露的美是永存的，總是找不出其開端的，且對所有人都全然一樣。他們如果從思索特殊的美，再進而啓示最高的美；他們就能達到這樣的境界。這樣的人不只觸到了實物本體的影子，而且觸到了最後的實物本體；如果人類全會得到永生，它是一定成爲永生的。」

四、亞爾西巴德稱讚蘇格拉底

有鬧酒者的喧囂聲傳進來，亞爾西巴德在外面呼喚阿伽頌；他隨後跑進來，酒喝得酩酊大醉。他說，「我喝醉了，但我還要與你們喝酒。如果你們不喝，我們就要為阿伽頌行加冠禮，行禮後就散席吧！」他被邀入，阿伽頌扶他坐下，發現蘇格拉底是在他的另一邊。他就嚷道：「赫刺克利！我不論到什麼地方，蘇格拉底都在那裡等候我。」

「阿伽頌，保護我」，蘇格拉底說，「當他在一旁的時候，我不敢與任何人說話，也不敢望著任何人，因為他是極為妒忌的人。我懇求你為我們和解吧！」

「我不願和解」，亞爾西巴德說。「但我也要為他加冠。他一直是個戰勝者，並不是只有一次，如阿伽頌昨天那樣。」這事他是做了。

「我們的任務」伊立克西馬塞斯說，「是在讚頌『愛』；現就輪到你說。」

「蘇格拉底不許我稱讚別人，只稱讚他。我不願稱讚任何別的人。我可以說他嗎？我可以說出他的眞相嗎？在這種情形下，我是不能井然有序的發言，我一定要把我所想到的東西說出來。」

「第一，他正如一個雕像，半人半山羊形的爾馬息阿（satyr Marsyas）的像。只是蘇格拉底迷惑我們的是言語，而不是似他的音樂笛聲。伯里克理斯（Pericles）以及別的人，都不能這樣感動我；蘇格拉底甚至令我自慚形穢，到不值得再活下去的地步，我很想完全脫離他。但離開之後的情形怕要更壞。他雖是從事於那種職業，但他對於『美』的關切，並沒有比對於其他任何外界物的關切來得多些；但是當你走進西倫納斯（Silenus）裡面，所顯示的神聖形象是極美麗的、神聖的，和令人讚嘆的。」

「我們曾同在坡替第亞（Potidaea）過著軍營的生活，他是我們之中最吃得起苦的，不論是哪種情況，寒酸的園遊會、豐盛的宴席、難耐的冷風，他都安之若素。在往第力安（Delium）前進的路上，他是眾所注視。我騎著馬，他與雷歧茲（Traches）拖著沉重步伐在戰場上前進；但他是那樣的莊嚴鎮定，任何人看見他那個樣子，就知道他如果遇到敵人的攻擊，他會誓死抵抗；所以，沒有人敢。事實上，除了賽利冷（Silene）與薩替爾（Satyrs）之外，沒有一個人和蘇格拉底那樣的，表面上是粗野的，更別說是荒誕，但內心卻充滿著各種想像得到的美質。」

對於亞爾西巴德的坦白的話，大家都大笑。又發生酒醉之人的步伐聲。伊立克西馬塞斯與飛德刺斯出去上床就寢。阿立斯托第馬也本已入睡，他醒來還找蘇格拉底，亞理斯多芬與阿伽頌還在飲酒暢談，蘇格拉底硬要這兩位戲劇家，不得不推翻他們自己的主張，而承認悲劇與喜劇某一人所擅長的只是一種。後來他們終於入睡了，蘇格拉底也就離去。

第四章　倫理學

——亞里斯多德

這本《倫理學》是亞里斯多德（Aristotle）在道德方面之最後的主張，原名為*Nicomachean Ethics*。比他以前所寫的兩部倫理學書，即*Eudemian Ethics*與*Ethica Megala*或稱《偉大的倫理學》（*Great Ethics*）都較為完整。原書極簡約，可看出是由若干演講提要所編成的。他對於倫理的思想，有極深刻的影響，尤其是美德的分類法與美德在於「中庸」（mean）☆這種主張。

〔亞里斯多德是古希臘哲學大家，生於西曆紀元前三八四年，死於三二二年。他是柏拉圖的學生，學識極博，著書甚多。不過，現在我們所有的亞里斯多德所著的書，有不少其實並不是他所著的。

這本《倫學理》已有中譯本，為商務印書館的《哲學叢書》之一。〕

☆審者註：是「取其中」的意思，因已約定成俗譯成「中庸」，但這和儒家的涵義有別。

一、生命之目的與「德」之意義

每一種藝術與科學，每一行爲，都以某種「善」爲其目的，不論這是一種行爲形態或是實際成果。次要的藝術之目的，只是達到高級的藝術之手段。如果有一個最高的目的，它一定是「善」（Good）。研究「善」的，是最高的社會科學（希臘用語是「政治學」）之任務。這最高的「善」的名稱是幸福：良好的生活，或福利。政治的目的，就是要達到這最高的善。

但是對於「幸福」（happiness）本身所下的定義有好幾種：有的以爲愉悅（pleasure）就是幸福，有的以爲榮譽就是幸福——第一種見解是墮落的，第二種見解是不充分的。柏拉圖派以爲幸福是在於「善」的抽象觀念，——這個「普遍概念」排除了諸「特殊概念」。這種主張，即使是視爲邏輯或形上學上的問題，也是有許多地方可予以反對的。把理論的問題撇開，只從實際觀點來說，顯然是毫無實用價值的——普遍的「善」之知識停留在抽象空想，在日常生活上是沒有實際用處的。理由就夠充分。

如果有一個最高的具主導性的「善」，可讓我們追求，這最高的「善」需有何種特性呢？「善」中的「善」——最善——一定是其自身就已完整無缺的，是一個終極目標。不論什麼，如果它是達到後面某種目的之手段，它就不具完整性；當我們說我們的目的必得完整無缺，則它必是目的，而絕不能是手段。它不只是許多善中之最，而是許多「善」所合成的善。它不單對於孤獨的個人是很充足的，且對於作為社會的一分子的個人也要是很充足的。

讓我們定義「幸福」是人的「**工作**（*work*）」——人執行其為人的職能。每一件事物都有某種特殊的職能，執行那種職能就是它的善。人也一定有一種特殊的職能的。這絕不是與植物或動物相同那一部分的生活，一定是他所特有的那一部分積極生活，——即是他的理性生活，遵行那使生活完善的「德」或各種「德」，不只是一時遵行，而是整個一生都遵行著。

我們以日常的經驗來判斷我們的結論是否正確，我們從中得到支持外表的「善」，與身體的「善」，是較卑於靈魂——靈魂是被認為行為之中心地——的「善」。我們既把「幸福」與「德」視為同一，就得區別積極的「德」與德性。其他各種的「善」，導致積極的「德」，它們是幸福的元素。我們一定不要以為它們是賜予的，非我們本身所能控制的，而要以為是藉由努力與教育就能獲得的。

「德」有兩種：一種是知性的，從學習獲得的；一種是道德的，從實踐獲得的。道德的「德」，並不是從大自然移植而來，但我們天性就具有這種「德」的能力，後來從實踐獲得，正如我們從實踐獲得藝術的優美技能，與對於我們的情慾之節制。因此，教育是極爲重要，因爲「德」的程度是實行「德」之結果。

舉止，行爲的如何表現，一定要與正當的理性相合。我們並不是要定下普遍的命題，而是一般的規範，這要隨時勢而修正的。我們的行爲，一定要落在「過」與「不及」這兩個極端之中間，「德」之產生是如此，「德」之表現也是如此。「德」關切苦與樂，因爲樂與苦扮演著誘導或反對之作用的；美、利益、和愉悅是三種主要的誘導物，而在美與利益中都含有愉悅；所以，在一方面看起來，爲得到愉悅，最好的行爲是德。

但「德」並不純在於行爲；行爲必生自知識，出於選擇，爲「德」本身的緣故而行的，且行之有恆——首先，知識是最不重要的；如果把它當做最重要的，那是思辨上的錯誤了。

心智的態式有三種：情緒或情慾（feeling or passion）、官能（faculty），與習慣（habit）。我們對於情慾本身，或對於官能，並不加以褒貶，所以，它們並不含有「德」；但習慣或制約卻一定含有「德」。合乎「德」的習慣或制約，就是那使「德」能執行其職能的，以人的情況，是靈魂的活動，靈魂在過與不及這兩個極端間總是選擇中間的路線。

但是，從另一角度，我們必須記住，也有些質性本身是錯的，而且「德」也可以表現爲終極的而不是中間的某處。可是當我們列舉這些「德」的名稱的時候——勇氣、節制、寬宏等；社會的「德」，或禮貌；與熱情有關的德——我們卻能舉出其相對應的過或不及的名稱來。正義與知性的「德」是需要單獨分析的。

每一種「德」都與其各極端相反對立，而各極端又與其另一極端相對立。不過有的時候「德」對於一極端的對立，比對於另一極端的較大。例如，勇氣與懦弱之對立甚於其與鹵莽之對立。

在我們進行這種分析之前。我們一定要研究「選擇」的問題，一個動作要值得稱讚必須是自願的（voluntary）。一種動作，如果它是外界強迫之結果，就不是自願的動作。若有選擇的餘地，即使是「違背我們的意願」而做的，那種動作仍被視爲自願的。至於眞正非自願的動作，我們一定要分辨爲無意的與不願的。所謂不願的，就是說如果當事人知道了就不會做的。

選擇和自願的動作不是同一回事，也不是慾望，也不是情緒，也不完全是「願望」，因爲我們可以願望那得不到的事物，但我們不能選擇那得不到的事物。選擇也不是深思，——不如說，它是深思之後下決定的動作。如果一個人有權力說是，他也有同等權力說否，那他是其自己的行爲主人翁。如果我們因爲無知而做了錯誤的選擇，且那是我們自己要負責的，無知本身是該受譴責的，我們不能以它爲那錯誤的選擇作辯解的藉口。所以，如因壞習慣以致判斷錯誤，這樣的判斷所生的選擇，他們是不能說他們本來就如此而卸責的——他們那個樣子是他們自己造成的。說他們幹壞事是「沒有辦法」，不過是一種遁詞罷了。

二、檢定過的道德之「德」

這樣看起來，「德」是習慣。出之於正當的理由所指引，且形成習慣而與之相應的動作。每一個這樣的動作以及整個的過程是自願的。

我們現在可以分析幾種「德」。

勇氣必須利用畏懼。並不是利用一切的畏懼；因爲有些事物是我們所應該畏懼的，如恥辱與貧窮；畏辱與懼窮是得與無畏的勇氣相容的，但懦弱的人對於恥辱或貧窮也許是不懼的。爲眞正的榮譽起見，對於那些我們所能支配的，抱大無畏的態度去對付，對於那些我們所不能支配的卻又能忍受，這就成爲勇敢的習慣。過乎此則爲鹵莽或愚勇；不及乎此則爲懦弱。

與它相似，但卻爲僞裝，是那動機不爲榮譽而爲了禮遇或名聲之勇氣。明知危險是極微的，從這種知識所生的勇氣，也是僞裝的。那種從盲目的忿怒而生的勇氣，或由揚揚得意的自信，或由只是毫不覺察到危險所生的勇氣，也都是僞裝的。眞正的勇氣是在於爲榮譽之緣故，而抗拒這種趨樂避苦——尤其是避死——之引誘。「德」之實踐，也許除了因執行爲達到其目的之外，是極不愉快的。

節制是關於感官的愉悅的；主要是在觸覺方面，味覺方面的關係程度就大減，視覺、聽覺與嗅覺，除了在間接上，是無關的。肉體的愉悅，有的是大家共通的，有的是個人特有的。節制就是沒有這些肉體的愉悅而能自安，所欲的只限於那些有助於健康與舒服的。無節制的特質就是只涉及愉悅而不涉及痛苦。所以，雖不是習慣，就特殊個案而言，它是比懦弱更純屬自願，因爲受外界干擾的影響較小。

闊綽（liberality）是關於錢財方面的事，是介乎奢侈與吝嗇之間的。實在說起來，它是對於錢財——在用錢與賺錢方面——之適當的處置；特別是在用錢方面。一個人如果他爲著卑下的目的而揮霍錢財、或取其所不應取的錢財、或對於財產不加以應當的注意，都不是闊綽的人。闊綽的人傾向犯下浪費之錯誤。奢侈是可治癒的，但奢侈是常伴隨對於用錢的對象或錢財的來源漫不經心。吝嗇的習慣常不易根除，表現爲錢財之獲取與聚積。

慷慨（munificence）是一種僅關於大規模支出的「德」，闊綽是包含在其中。慷慨是介乎卑俗的誇耀與小氣之間。只有富人才能慷慨，而且是以用於公益事業的爲主，但也有用於私人的慶典。卑俗的誇耀，其錯誤不在於用錢過度，而在於用不得當。小氣呢！連正當的用度也捨不得花。

豪氣（magnanimity）是貴族的「德」；過之則爲自誇，不及則爲自貶。豪氣的人對於其榮譽、權力和財富之權利是毫不放鬆的，並不是重視榮譽、權力、財富，而是索取他知道這是他所應得的事物。這種性格就具有「德」了；這樣的人其行爲的姿態必是大方的，其行爲的規模也是很大的。他自知其優越，並不掩蔽它，而是照他優越的地位去行事。自誇是對他自己的能力估計得太高；自貶卻是把自己的能力估計得太低，並迴避責任。自貶是兩者中最該譴責的。

還有一種沒有名稱的「德」，其與豪氣的關係，正如闊綽與慷慨的關係一樣；這些是在榮譽方面的，而那些是在錢財方面的。過之則爲野心，不及則爲缺乏野心。溫厚是介乎乖戾——不論是動怒的、含怒的，或鬧脾氣的——與自怨自哀之間的中道。

親善（friendliness）是介於諂媚與不通人情（boorishness）之間。親善是一種社會的「德」，可以說是善意再加上老練。誠懇（英文中沒有和希臘文完全相應的詞彙），一方面是與自負相對立，另一方面是與假謙遜相對立；一個人如果他認知到他自己的優點，但從不浮誇，他就會表現出誠懇這種德性來。在社交場合的表現機靈與幽默，是介乎戲謔，與傻瓜或古板之間明顯的中道。

羞恥這個名詞的含義，與其說是一種習慣，不如說是一種情緒。羞恥是與畏懼一樣有一種身體上的反應，使面發赤，實在就像對汙名之畏懼。對於青年人，羞恥是防止他們作惡的；有「德」的人是永不會有此感覺的；不知羞恥的就意味已有惡的習慣了。禁慾（continence），嚴格說起來，並不是一種道德上的「德」。

三、公正與不公

我們現在討論公正。一種特殊的習慣，是與一種特殊的官能，或科學不同的，因爲各種特殊科學，是包含著對立物的，例如，健康的科學也是疾病的科學；但公正的習慣，並不包含不公的習慣，而是與不公的習慣相對立的。公正本身是一個有幾種不同意義的詞彙；不公的詞彙也相應有幾種不同的意義。

不公包括著違法、貪婪，與不當。貪婪只是對於好的東西取得太多；不當就對於好的與不法的事物都有關係了。但是，就法律的意義而言，凡法律所規定的都是假定其爲公正的。法律包括凡足以影響我們鄰人之一切的德的行爲；所以，這種廣義的「公正」是一個涵蓋性詞彙與「正直」（righteousness）這個詞相同。

可是我們用「公正」這個詞，一定要限於狹義的。貪婪，實在就包括不當在內，它是特殊的「公正」之眞正對立詞，它只包括那爲某種利益而破壞法律的違法行爲。

我們所涉及的公正有兩分支：⑴分配的，由國家分配榮譽及類似的事物給市民，由契約與協定分配私有財產；⑵糾正的，補救不當的分配。總有兩方，一方祖甲，一方祖乙，而公正是在這兩方的不當之間的中道。

分配的公正要考慮及各方的優點；糾正的公正只要把那已被干擾的平衡恢復起來即可。分配之問題，並不是如何分配得平等，而是如何分配得得當，這可適用在報復；報復是被視爲分配許多面向之一，故報復問題——例如，軍官打士兵、士兵打軍官——也不在於平均而在於得當。社會之經濟基礎是等比的報酬（proportional requital），所以能達到這個目的，是因爲有一種比較穩定的通貨作爲一種準度。

在國家，公正是藉法律及其執行者而得到的；公正是官吏之「德」。因爲他自己沒有什麼可得或什麼可失的，這意味公正是「別人的善」，而不是我們自己的。在家庭，不存在公正，因爲整個的家族在某種意義上是家長（*pater familias*）之諸部分；當你不能對自己有什麼不公，你也不能對你的家族有什麼不公。在國家，何爲公正？有一部分是由事物的性質決定的，有一部分是由法律或習俗（慣例）決定的。

至於個人的行爲，因爲估計錯誤、或由於一種估計不到的意外，而出現了損害；如果是故意的但不是預謀的，它就成爲「不對」（wrong）；如果是預謀的，那就成爲不公。一種在**表面上**是不公的行爲，如果是得到了受害者之允許而後行的，就不算不公。不公的是分配者而不是受納者（當分配者與受納者不是同一個人的時候）；同樣地，不公的是執行者而不是工具。不公分配的執行者，除非他眞是基於個人利益的動機而進行，否則還不算是眞正的不公。

要做某一特定行爲是很容易的。要因有了好習慣而使行爲得當，就不容易。在某一特殊的場合要深信哪樣是得當，也不是易事。公正的人，有了習慣，不易做不公的行爲。

我們所必稱之爲「公平」（equity）的，是與「公正」相對立的，但只指法律上的所謂公正而言。它是免去了特殊場合所偶有的錯誤的公正，那是法律所不能提供的。再說，自己傷害自己，或自殺，也是不公；法律對於這種行爲之處罰，不是因爲個人對其自身幹下了不公的行爲，而是因爲他對社會幹下了不公。說一個人對於他自身不公，這只是一種比喻的說法，指他的某一部分與別一部分間的關係，是與人和人之間的不公關係相類似。

四、智慧、愼思、與禁慾

我們在討論知性的「德」之前，對於靈魂是有點必得先說的。我們把理性的部分區分爲⑴知識的，關於不變的；⑵理性的，關於變的。我們的知性與我們的癖好——不是我們與動物所共有的感官知覺——指導我們的行爲與對眞理的理解。吸引與排拒，相當於肯定與否定，結合形成正確的選擇。實踐理性——它是與純粹理性相對立的——具有一個外界的對象，且成爲一原動力。

獲得眞理之方式有五：⑴關注不變的事物，稱爲論證的科學（demostrative science）；⑵關注變動的事物之形成，稱爲藝術（art）；⑶關注變動的事物之運用——不是形成——稱爲愼思（prudence）；⑷直覺的理性，論證的科學之基礎；⑸智慧，是直覺的理性與科學之結合。

智慧與愼思是知性之二德。智慧包括直覺的理性，凡不能論證的根本原理是由直覺的理性去把握的。智慧並不關切暫時的、個人的，或地方的利益。但愼思所關切的正是這些事物；它在本質上就是實踐的。智慧與政治手腕不能等同；它也就不是愼思，愼思可應用於國家，也可應用於自己與家庭；它與智慧不同之點，就在於它需要經驗。

智慧，終極基礎之知識——對於那些具有良好習慣的人，與對於那些不具良好習慣的人，是同樣沒有實際的效果的；正如醫學理論的知識，對於普通人是沒有用處的。但知識既是靈魂的一種活動，故實際上（ipso facto）助人達到幸福。普遍性結論是：我們所稱之爲「愼思」的是達到道德的「德」這目的之手段。它不是一種道德的「德」。但道德的「德」是與它一致的。兩者都爲達到「善」所必需的。

我們現在討論第二類的性質，關於行爲的。我們已討論過「德」以及與其相反的「惡」。我們忽略了低於人的（infra-human）與超於人的（supra-human）獸性與神性；但我們還得討論禁慾及與其相反的性質，是有關於情慾的。

照一般人的見解，禁慾、自制既是依附於我們既定的判斷。我們屈服於情慾而又知道是錯的，或許盡情的追求報仇、榮譽、或利益那就是縱慾。

有許多在**表面**上（**prima facie**）的矛盾是從這普通的見解所啓動的。一個人不會從事與完整的知識，或與他所充分意識到的知識，相反的事。可以說，知識雖在那裡，但是中絕了，酒醉之人的情形足以爲例。

縱慾是關於愉悅的，它是必要的——對於生命的維持——又是不必要的，但**本身**

（per se）是可欲的——如榮譽。縱慾這個詞，在後者（榮譽）場合，只是類推；其適當的關聯是與前者（愉悅），——正如道德的惡，我們稱之爲無節制。但「縱慾」含有猛烈的慾望，「無節制」則否。這類慾望，其病態的形式可舉躁狂（mania）症爲例。但在這裡，用縱慾這個詞也只是採類推，其適當的用途，是只限於常態的。

忿怒之放縱是比慾望之放縱好一點的。它通常不是生來就如此的，它本身是很痛苦的，而且它不是無緣無故的——在這三點都與慾望放縱不同。我們所稱之爲獸性的，是比惡或縱慾更可怕的，因爲它是非人的；但它之爲害較小。縱慾是指踰越了通常對苦與樂的標準。這種踰越，如果是故意的，隨後又不悔改的，——以致是無法矯正的，——是無節制的道德上之惡；它的特點，就是沒有猛烈的慾望，故比縱慾還要壞。縱慾是公開的，可以救治的。我們常把這兩種互混，是因爲它們見之於相同的動作；激情的衝動是一時的；它並不是錯誤選擇下已定的習慣。

禁慾是有一個信念爲行動根據，即抗拒情慾；並不是隨便信從任何，和每一種意見的，那其實是縱慾。另一個極端，實實在在無情無慾，是很少見的。禁慾與節制之分別，就在於禁慾含有抗拒強烈慾望之意思；而節制含有這種慾望並不是很活躍之意思。愼思——但不是敏銳，它有時被人與愼思相混——與縱慾是不相容的；縱慾如果是由於性格的弱點所生的，那是最難救治的了。

在這裡對於苦與樂有加以探討的必要。有的人以爲樂絕不是善的；有的人以爲樂有一部分是善的，有一部分不是善的；有的人以爲樂是善的，但並不是最善。但就其本身而論，絕不是惡的，因爲它的定義可以說是：一個已形成的官能之不受阻礙的活動。這樣的樂，並不是任何活動之阻礙，而是其完成；例如，憑空思索之愉悅並不阻礙憑空思索。

實在每一個人都是追求愉悅的；不承認樂是善的，是因爲把樂只想成肉體上的愉悅。即使是肉體的愉悅也不是罪惡，只當對它們過度追求時才是罪惡。至於愉悅是極短暫的，純是因爲環境時時在變化之緣故。不變的事物之樂，一定是永久的。

五、友誼——其基礎及變種

我們現在所要檢驗的，就是一種稱為「友誼」的性質——雖然希臘和英文用語在內容上不盡一致。友誼是一個人與別人的關係；如果沒有友誼，生活就很難值得活下去。有的人以為友誼是發生於「物以類聚」，有的人卻有相反的主張。可愛是來自善、悅、或用。愛是無生命之物所不具有的，愛必然是相互的；愛與善意或信奉是有所區別的，因為善意或信奉不一定是雙方互惠的。

眞正的友誼，一定要以善為基礎，而那以悅（對於青年人）或用（對於老年人）為基礎的只是習俗上所認可的友誼。完善的友誼一定要雙方都互有完全的認識，而且只存在於善之間。所以，一個人是不能有許多眞實的朋友。習俗的友誼，發自於知性上的共鳴，是比那萌發於性之引力要來得持久；而生自於利用的，是極其偶然的。發生於知性上的共鳴之友誼，如果雙方都有德，那就可以進展成為眞正的友誼。不論在何種場合，夥伴關係是一個必要的條件。

友誼的變種，可以存在於不平等者之間，如父母與子女之間、王侯與臣民之間、男人與女人之間，兩方感情的性質是有差別的。不平等如到了一定的程度——雖然我們不能定下一個界限——就不能稱之爲「友誼」。誰都不願有朋友實實在在極端崇拜他，因爲這樣會使他成爲高攀不上的人物，友誼因而告終。友誼是在於主動愛人而不在於被人所愛，雖然大多數的人渴望被愛甚於愛人。

每一種社會團體——以國家爲代表——都包含有友誼的關係。家庭中的關係是與國家中的關係相對應的；君主與臣民的關係如父親與子女的關係，專制君主與臣民的關係如主人與奴隸的關係；專制政治好比是夫權，寡頭政治好比是妻權；我們所稱爲尊榮政治（timocracy）的，好似兄弟的關係，民主政治好似是完全沒有秩序的家庭，在若干類型團體中，友誼以**團隊精神**（esprit de corps）形式表現。以利益結合的平等者間的友誼，以及不平等者間的友誼，是最易發生紛爭的。

友誼是一種交換——平等間的對等交換，和不平等間的比例交換；是一種報償。這就產生了求償的優先權的各種問題。例如，付出你父親的贖金和償付借款。兩者都是一種對於債務的償還，哪一樣該先付呢？這是不能有一成不變的法則的，——這即是說，不能說某一債務不論在什麼時候和在什麼場合，都比其他一切債務來得重要的。

當兩方之中有一方已墮落時，那麼，友誼之消失是很正當的，因爲他已非那曾爲友誼對象之人物了。但是，當他尚有恢復其人格的希望時，是不應放棄他的。

友誼並不等同於善意，雖然善意是在友誼之先的一種狀態。我們對於一個尚未謀面的人，或尚未交談過的人，是可以對他有善意的，但並不是友誼。感情的相契——不是以事實，而是以手段與目的論——在國家角度是一種與友誼相等的事物。施惠比受惠所生的感情之所以來得多，其緣故是在於施惠者覺得他是別人的製造者；我們都傾向愛我們所造的事物——如父母之愛其子女，藝術家之愛其作品。

善人是不求外助的，但朋友即使對於他不是實在必要的，還是可欲的，雖不想朋友給他什麼利益，卻可以對朋友施以善行。而且，人的最高的活動，一定不是離群獨居時施行的，而是在作爲社會之一分子時施行的；如果沒有朋友，這種生活是不會圓滿的。最後一點是友誼要達到其最完全的實現，就是彼此具有完全的同伴精神，換一句話說，過著共同的生活。

六、關於幸福的結論

我們一定要再回來討論苦與樂的問題。主張樂不是善，那是一種謬誤。抱這種主張的人，是自曝其短。

樂本身是人之所欲的，其對立物是人之所不欲的。但它既可以加在別的善的事物，故不能為**唯**一的善；雖然說，凡人人所欲的事物完全就不是善的，是一句蠢話。說它不是一種「質性」，或說它是「不確定的」，這兩種主張都是不適切的，因為那些被公認為列於「善」中的，也適用這兩種說法。

主張它是一個過程的，也是一個不能成立的教條。樂是一完整的事物；但一個過程要達到終點才是完整的。它是其適當的活動之完成；並不是習慣使行為完成之意，但是作為它的附屬與補充。它不是連續的，正如行為不是連續的。它不是生活的全部，但不能離開生活。

可是，樂有性質的不同與價值的不同，端看是何種性質的活動所帶來的愉悅。適合人的樂，是那些與人之所以為人所應有的活動相關聯的愉悅；至於那些與動物所共有的，其合適的程度就少了。

我們現在要把關於幸福的結論再摘要說一遍。它並不是一個習慣，但存之於習慣性的活動——它們是令人嚮往的，是爲其自身，並不作爲手段——，周慮而後行，排除那些純娛樂用的。人的最高官能是理解力，理解力的活動就是其最高的幸福——沉思；恆常的、有能力的、不以之爲一種手段而是目的。

神也有這類幸福。爲人所專有的，但比其他來得低下的，是道德生活之實現，受人類的社會所制約，更受環境與物質慾望之影響。沉思的活動，只要有極少的物質必需品就夠了。但沉思如離開了行爲，並不導致道德的生活。

要導致道德，不只要有知識，還絕對必須有正當的行爲習慣——它並不伴隨知識，沒有知識也是可以培植的——。爭論不能建立習慣，用強迫手段也許就把習慣培養成功。所以，國家採用強迫手段是恰當的。

第五章　政治論

——亞里斯多德

在本書之先，雖已有了柏拉圖的《理想國》，但它可說是最早把政治學當做實踐科學的一特別分支來研究的著作。亞里斯多德為要收集研究材料，仔細地研究了上百個希臘國家的憲法。他也和所有的希臘人一樣，認為只有組織程度很高的「城市國家」（city-state），才配稱為國家。他這本著作，到現在還立得住腳；有一部分教條可揭示出古代與現代的世界情況的不同，有一部分教條對於現代的歐洲和古代希臘同樣適用的。

〔此書已有中譯本，譯者為吳頌皐與吳旭初，為商務印書館的《漢譯世界名著》之一。〕

一、政治科學的基礎

統治的各種形式，其性質並不完全相同。我們為要確定其根本差別起見，先從國家的起源或即將成為國家著手。

始自家庭，包含有三種關係——父母與子女的關係、夫與妻的關係、主人與奴隸的關係。奴隸是一種財產，其定義是：滿足生活的工具之加總；有生命的行動工具。

從作為財產的奴隸產生出財產的一般問題，財產的獲得與應用。生活必要的事物，自然是由簡單的過程——獵、漁、耕種等——獲得的。但還有一種不同的獲取法，就是交換。生活必需品的簡單物物交換，也是很自然的；但當交換是以通貨為標準媒介時，就不再是自然的了。財產——如上面所下的定義那樣——之獲得及其應用，是有一個限度的；但貨幣——它只是潛在的財產——之獲取是沒有什麼限度的。

金融所涉及的就是貨幣的積累；家庭經濟所要處理的是實在的財產。金融，不論在任何場合，都是非自然的；最不自然的形式就是高利貸。財產之簡單的獲取是自然的，包含農耕和畜牧的知識。金融本體包括商業的領域。在這兩者之中間，是那些對生活只有間接關係的物品之生產。金融最有效力的策略是奪取供給之壟斷權。

回過來說家庭的治理，統治者是必須具有道德上的「德」；我們不是說家庭別的成員，無論是女人、奴隸、或子女，不能有這些德；但這些人的德與家長的德並不相同，它們的作用是不同的。

論及柏拉圖的《理想國》，我們的第一個批評是：柏拉圖的目的，是要產生「劃一性」（uniformity），但「劃一性」對於國家是具破壞性的，國家依靠著各人各盡其不同的職能。我們必須保持那種「多元性」。

第二點，柏拉圖的共產主義，尤其是妻子與子女的共有，無法達到其目的；共有制除了縮減個人的利益到僅是分享之外，並不產生和協而是不和。一切家庭的情愛的力量就此流失，並因爲不知道確切的關係，就會引出無限惡劣的可能性。

其他物品之共有，也常引起爭端。明顯私有的財產是出於自願或管制性的均分，那是另一回事。如果那種計劃是有任何可行性，那一定早已有人試行過了！

第三，蘇格拉底從沒有說明，普通市民與保護者受同樣的規範之支配，是到什麼程度；既沒有說出他們之間的固定性，也沒有說及從屬關係。除了上面所說這三個主要批評之外，還可以加上其他次要的批評。

柏拉圖從《理想國》變種爲《法律》（*Laws*）一書，對我們也沒有多大幫助——例如，他規定職業兵的人數爲五千人，這對任何名符其實的國家是占過大的比例。他完全忽略了對外的關係；他對如何使人口不超過一定的限度，毫無著墨；而整個的結果，好像宣稱是處於民主政治與獨裁政治（despotism）之交叉點，實在是更近於寡頭政治的政體。

我們離開理論家而注視那些有名的實際國體。第一，我們研究斯巴達的。斯巴達有大量的從屬人口，使自由市民有閒暇；這是含有奴隸反叛之危險的。准許婦女賣淫——這是一個軍國之重要因素——是一種墮落的影響。土地收納在少數人的手裡——婦女的手裡，達到極不平均的程度，使斯巴達的人民陷於幾乎滅亡的地步。監宰（ephors）是實際的統治者，是從全體自由市民經由極幼稚的方法選出來的；元老（senators）也是這樣選出。對於國王，法律著重於這一事實，即：他們是不被信任的。貧者與富者對在共同餐費的負擔上是相等的；這對貧者是不公平的。整個的組織太過以軍國主義爲唯一的目的。而金融的管理鼓勵了貪婪。

傳說斯巴達的政體是取自克里特（Cretel）；克里特的政體只有若干小細節與斯巴達的政體不同，但在操作上其主要的缺點是大致相同的。迦太基（Carthage）的政體，與上面所說的兩種政體相類似，但有比它們較優勝的變體。其選舉保證功績比機遇有較大影響力；但對功績的認定卻又太過於重視財富到危險程度。

在雅典（Athen），梭倫（Solon）的立法代替了舊的寡頭政治，國家官吏之選舉方法強化了貴族元素，司法的制度又引入了民主元素。就是後來這群民眾煽動者使梭倫的憲法減至我們所知道的民主政治，至於其他五六個立法者，只有他們的名字及簡約的話語見諸記載。

二、論市民、政府、與國王

市民的「德」與善人的「德」是如此的不同，尤其在與政體特別有關上；所以，不是一律固定不變的，而是跟著政體而變的。一個統治者的「德」，是一個善人的「德」，結合了道德上的「德」與我們在《倫理學》中所稱爲「愼思」的「德」。但是市民——他不是統治者——是用不著愼思的。無疑地，市民是應該具有治人的與被人治的能力。所謂被人治，當然不是指奴隸的那樣受人統治，而是指自由人的那樣受治。但這兩個社會階層中的「德」是不同的。

我們區分政治的標準是視政府握於一人、幾人，或群眾之手而分類的。正常的形式，即以追求社會的「善」來分，則有稱爲君主政治、貴族政治（賢人的統治）與立憲政府；不正常的背離形式，即以謀統治者利益來分，則有專制政治、寡頭政治，與民主政治。就後兩者而言，寡頭政治是富者統治貧者，而民主政治卻是貧者統治富者。平等，在一種意義上是公正的，在別種意義上，不平等反而是公正的。民主政治派只承認前者而不承認後者；寡頭政治派卻只承認後者而不承認前者。超級財富並不構成根本上的優越，自由上的平等，不是他人所想的那個樣子，在任何方面都應該平等。政治權力之分配是應該以「德」來規劃的。

至於「少數」與「多數」誰優誰劣的問題，或謂多數人集體的平均判斷，比少數人的來得更爲正確，而他們的集體的利益是較爲廣泛——這種主張是很有說服力的。不應該不加辨別地允許群眾從政，但應該集體地選擇官吏。

良好的行政是有幾種性質的；在某種性質占優勢的，如血統或財富，絕不能假定其在餘下別的性質都占優勢，而將之當做不平等的唯一準繩。一個階級在這些性質的一種中占優勝，並不就給其以統治的權利；而且就一整體加總而言，群眾集體是比任何階級都占優勝的。

以斯巴達爲代表的希臘王國，並不是一種獨裁政治，而是最高的和永久的軍事要求。專制政治之根本的區別，就在可以調動的武力是僱傭兵，而國王的武力是有裝備的臣民。在這些政體之外，還有非希臘的君主政體之形式，一是當君主不是世襲的專制政治；一是專政者由人民選出的專制政治，這位專政者有君主之位但非世襲。在英雄時期的國王，他們具有比斯巴達更大的權力。使這些由個人的勇武所獲得的權力成爲世襲；但他們逐漸地被剝奪。根據史實，貴族政治代替君主政治；寡頭政治代替貴族政治；專制政治代替寡頭政治；民主政治代替專制政治。最後是專制的君主。

反對專制政治最致命的論點，除了它不是自然的之外，就是個人是武斷的、會墮落的，但法律則否。甚至可以說，處理法律上的自由裁決歸數人掌握，是比由一人掌握較爲妥當的。

三、國家的必要條件

理想的國體是與個人生活的理想有密切關係的；而我們又確知個人的幸福，不在於外界的物品而在於行德。再者，國家的「德」和幸福，是與個人的「德」和幸福相同的。個人參與國家的事務對於個人是不是可欲的事呢？或者，爲國家計，所有個人是否都參與國家事務呢？僅著眼個人或國家對於別人的支配慾，是不對的；雖然這是一般人所抱的見解。在指導與支配他人方面承受所分擔的責任，是與這完全不同的，而且包含著同樣的準備承受他人的指導與支配。

國家，正如個人，是必須要有適當的外在的條件。只是面積廣大並不是一個優點。相當的面積，是必要的，否則國家不能自給自足與獨立；其限度是，不能太大，使市民彼此不能了解，不能在一個可管控的大會集合。

至於地勢呢？應當與海相通；這不只是商業上的需要，也是爲著戰略上的緣故。但又不能使外國元素（這已出現在所有港口）對市民產生不良的影響。希臘人幸而是處於既能發展其冒險心，而又能發展知性的地位；但亞洲人是知性的而不是冒險的，歐洲的野蠻人卻是冒險的而不是知性的。希臘人之聯合爲一國，可確保他們統治全球。

國家是不能不生產食物的，這需要耕種的人、提供機械器具，這需要機工、軍隊、有產階級、一個政府、一個司法機關，和祭司。

只有那些非市民才不許其擁有財產。市民與非市民之區別是永久的；市民在各階級的區別是暫時的，雖然對於等級制度（caste system）是有討論餘地。由國家供應共同的餐食；但財產卻不能共有。土地應一部分歸公有，一部分歸私有；而由奴隸實際從事於耕種。

城市的位置必須符合衛生，而且要在戰略上適於防守，應適當的構築要塞。共膳食的詳細安排以及公共建築，應該給予各階級的市民履行其職務時的便利；附加牆的公共建築物，也要這個樣子。

幸福是必須有外部環境的條件的。這些條件如已具備，那麼，幸福是包含於德行之習慣中，藉天性的偏好、潛移默化，與理性而達到的。後兩者的發揮，就是教育的分內事。

基於明顯的理由，教育是從看顧身體入手，進而顧及靈魂之非理性的部分，再進而涉及理性的部分。立法應從管理婚姻著手，使身體合格的方能為人父母。如果產下來的嬰孩其身體有缺陷，就不得養育。

教育應否有固定的制度呢？由私人經營，抑由國家經營呢？教育制度該是何種特質的呢？

使市民具備那種與政體相適的特質，這對於國家顯然是極重要的一件事。所以，教育應屬國家事務，不由私人任性把持。但何種方法最善，卻是眾說紛紛。其目標應為有用的職業，或道德的訓練，抑智力的開發呢？那些並不箝制心智和道德的有用的職業，是可以教授的。讀、寫、素描、運動，和音樂是公認的課程；前四種是基於效益原因，音樂是顯然要訓練能正當使用閒暇的時間，這與純供消遣的有別。而且，上面的四種效益性科目，除了實利之外，還有其目的的。

首先運動常誤導入於殘忍的路線。殘忍並不含有勇猛。

音樂首要是一種休閒的而又愉悅的消遣；同時它又有直接的道德影響。對於兒童，使他們聆聽音樂而學習欣賞，與教他們獲得音樂的技能，同是有益的。但是，那些樂器如果傾向於使他們成為機械的，或在任何方面阻礙他們進步的，那就不應使他們學習了。再者，只有那具有一種倫理性質的「和聲」，才許其列入教育之中。

四、寡頭政治、民主政治、與專制政治

研究政治科學一定要檢驗那種在理想中最好的政體，對於某特定國家最可行的政體，對於一般的國家最可行的政體，以及在一定的假設條件下所能達到的最好的政體。由賢人執政的政府，不論執政的賢人是一位或數位——理想的——我們已討論過了。餘下來未討論的是寡頭政治，與爲數眾多的民主政治的變體，及專制政治。

一切的變體，是歸因於國家中的政黨或階級之不同。普通是把它們區分爲兩類，一爲民主政治，包括立憲政府；一爲寡頭政治，包括貴族政治。前一種包含多數的貧人對少數的富人之統治，後一種包含少數的富人對多數的貧人之統治。階級是：農業的、機械的、通商的、受僱的工人；其次爲軍隊的、神職的、有財產的、行政的、運思的，與司法的。這些階級的人士也許會重疊。

在理論上，民主政治之根本原理是平等。有若干形式的民主政治，其特徵是降低平等，也就是從政的財產資格；最主要的分別是在於以法律爲最高，抑以群眾命令的自由定奪——是由煽動民眾領袖操縱的——爲最高。最後這一種，完全不能承認之爲立憲型政府。

高從政財產資格，就生出寡頭政治——少數富人之統治。有一變體，是把推薦官吏之權歸行政者；另一種把官吏改爲世襲的；再有一種是行政者目無法律。但是，習俗，可以把在形式上爲民主政治的，在實際上變成寡頭政治；或把寡頭政治變爲民主政治。

在民主政體的國家中，對於官吏候選人之限制，大部分是從實際考量，不管適任與否。在寡頭政治，如果「德」成爲一個因素，一般人就誤稱之爲貴族政治了。

立憲型統治實際是民主政治與寡頭政治之混合物。它爲平等立了三個準則——自由、財產、德。它極近似貴族政治。它把寡頭政治與民主政治之互相抵觸的特質結合起來；或者說，它是寡頭政治與民主政治之間的中道。所以，因觀點的不同，有時稱之爲民主政治，有時稱之爲寡頭政治。

至於專制政治，或獨裁政治，我們注意到兩種半帝王式，即「東方的」或「選舉的」兩種。除此兩種之外，尙有絕對權力的專制政治。

不論在哪一個國家，太富的個人常趨於驕傲，而太貧的人常趨於詭詐。立憲政治要在那最大多數人都是中間階層（intermediate）（即不是太富又不太貧）之國家中，才得到最好的運用的機會。反是，治者與被治者之間的關係，就變成爲主人與奴隸之關係了。獲得適當滿足且爲數眾多的中產階級（middle class），是秩序的一個保障；當中產階級是薄弱無力時，那寡頭政治或民主政治就當道了。

寡頭政治運用錯誤的計謀——富人如果不擔負，他在那寡頭政治的權力，所依以維持之實踐公共生活中，所分擔的責任，就要受罰。同樣地，民主政治卻提供誘因使貧人都分擔他們在公共生活的相應責任。在憲法上則將這兩種方法結合起來，使貧人與富人都達到他們所應有的地位；市民權與配備武裝是攜手並進的。對於財產資格的限制，一定要低到使大多數人能參與政治。

根據史實，原始的立憲政府，只許那些能騎馬打仗的人參加政治，後來，那些能執武器爲重步兵的也准許參加。

每一個國家都有三個部門：籌思的、行政的、司法的。第一部門管理戰爭與和平、選舉、與立法。在民主政治中，籌思的職能是由全體市民，或其代表所擔負的。如果限定那些達到財產的極高資格限制，或別的資格的人，才有執行籌思的職能之權利，那就多多少少可稱之爲寡頭政治了。否決權——但不是積極的制定權——是應該歸於大眾所有的。

行政部門應有獨立的籌思、決定，尤其是指揮，這數種職權。在小的國家，幾種必要職務可以集中於一個官吏之手。各機關，尤其是幹部會議，適合於一種政體，並不一定也適於別種政體。例如，特別是寡頭政治，才有由預備會議把各種措施提交籌思會議這種安排。

關於司法部門，有一個問題是把司法的範圍限於幾個法庭。從其討論，我們採集了希臘各個國家的不同程序之材料。

民主政治因其人民之構成——農民、機工、或被僱工人，或其混合——不同而變化；其機關也跟著變化。它們的共同原則是自由表現爲——⑴個人的自由與⑵參與治理。參與治理是包含下列數項：輪流爲治者與被治者，人人都是選舉人與被選舉人；任命是由抽籤決定；不得連任，以及其他的推演制度。

人人平等與多數決是民主政治的根本原理。所以，民主政治以算術多數的決定爲正義，寡頭政治以富人的決定爲正義。大規模的掠奪在民主政治是公正的，而在別的制度卻以獨裁爲合乎正義的（如果是有一位頂級富有的個人）。如果富人與貧人是互相敵對的，那麼，正義就由這兩者之間來較量了。

民主政治最好的人民，是農業的或畜牧的；他們不像機工、商人、或僱傭工人那樣墮落；而且也很難積極參與公共事務。最壞的形態是那行男人選舉權的。爲延續民主政治計，富人一定要與其他人妥協，以繳納現金爲代價免去公共服務，這筆錢則用以減輕貧人的負擔，使貧人不致有劫奪之舉。富人也應受保護，免於任意的迫害。

寡頭政治如果官職是公開的，那就最近於立憲政府了。當官職愈來愈限於富人才得擔任，就幾近專制政治。寡頭政治不應對容納新成員，採取太過排拒的態度。

行政者，或國家的官吏，是包括：那支配立法的審議會、軍隊的司令官，以及一般的民政官；官吏、宗教教師，與神職人員；還有在特殊地方各式各樣的特別官員。

五、政體內革命的原因

革命是起於不平等——量的或質的——因大多數的群眾要求平等，或因少數人要求優越地位而發生的。革命之結果，或爲政體的完全改變，或只是現有的政體加以修改。寡頭政治是沒有民主政治那樣持久的，因爲寡頭政治的執政者是分派別的。

一切的革命，引起其發生的條件是，多數人之渴望平等，和少數人渴望有效的優越。他們的目標是利益、榮譽，或避免損失或羞辱。煽動的事因是有許多的；妒忌那些有錢的和有聲譽的人、官吏的傲慢、畏懼法律或法律之濫用、個人的競爭、中產階級不能維持平衡、種族的對立、地方的對立，以及其他。

在民主政治，革命主要是由平民對富人的攻擊，使富人聯合起來，結果他們建立一個寡頭政治或專制政治，一個「得眾望的」軍事領袖為己奪權；或者，有時以極端的民主政權代替較溫和的民主政治。

在寡頭政治，革命萌發於寡頭政治執政團的壓迫行為，或者由其內部的反對者發動——如把那些以為本應是其中一分子的人們排除出去；身為寡頭政治的個人成員被民派領袖頭銜的吸引；行僱傭兵制，而其隊長欲奪取政權。

在貴族政治，革命起於那些在野的人物之妒忌、個人的野心、財富的極不均。在貴族政治，與在立憲政府——所有政府中最安定的——中，其主要的原因是財富、人數，與功績這三種準則之混合不完全。立憲之能比較穩定，是得自於比較偏重於人數。可是，它常受外在的壓力而易於進行革命。按功績比例大小而定的平等、權利的確保，是政府永續之眞正條件。

爲要保持政體，要特別防止細小的違法事件：在寡頭政治中，個人間的對抗、個人的濫用權力（縮短任職期很是值得考慮的建議）、特權者之傲慢、欺騙民眾的詭計；在寡頭政治與立憲型國家，權力太過集中於某些個人或階級；在民主政治中對於少數的富人之壓迫；在寡頭政治中對於多數的貧人之壓迫。

君主政治有兩種，一爲帝王式，一爲暴虐式。國王是保護者，對富人是讓他們免於劫奪，對貧人是保護他們對抗傲慢。他本身的或他家族的「德」或服務，使他得到王位；他的目的是卓越，他的權威是由市民的衛兵所維持的。暴君並不是保護者；他旨在他個人的滿足。

在君主政治下，不公與傲慢是叛亂之原因，或者恐懼、或對無治理能力之輕視，再加上野心，就會引起叛亂。專制政治是與外力相衝突而被其所推翻、或被暴君的扈從之陰謀所推翻，而且其方法大都是與極端的寡頭政治的、或極端的民主政治的相似。王族中的陰謀、國王個人能力的不夠、或他正在發展中的虐暴的屬性，都足以危及國王的地位。世襲的君主政治，如其後繼者的能力不足，尤爲危險。但在一個複雜的社會中，純粹王權是完全不可能的。

王位是由於皇家的自制而維持的。暴君是借助於物質的和道德的墮落、他臣民的軟弱無能，與彼此缺乏互信，他再助之以密探、行刑、稅賦，與鼓勵放縱。有的時候，暴君爲要保固他的地位，而行那正當的國王所行的事，假裝具有其屬性。聰敏的暴君會看出其擁有富人或貧人的支持。

不論是專制政治或寡頭政治，都不曾證明能傳之久遠。

第六章　烏托邦——摩爾

本書是由湯姆斯．摩爾爵士（Sir Thomas More）用拉丁文寫的政治傳奇，原名爲*De Optimo Reipublicae Statu deque Nova Insula Utopia*，出版於一五一六年；英文版於一五五一年首次面世。本書是文藝復興時代（Renaissance）冒險和發現精神的典型，是社會思想史中的一部重要著作。他是受以前的關於理想國的著作如柏拉圖的《理想國》、《惠斯浦奇的航海》（*Vespucci's Voyages*），及《奧古斯丁的上帝之城》（*Augustine's City of God*）之影響的；他的理想國雖沒有什麼創見，但摩爾的傳奇小說給社會改革的空想架構，定了一個總稱，對於後來的這一類的著作卻有極大的影響，如培根的《新大西洋》（*Bacon's New Atlantis*）、康帕內拉的《日之城》（*Campanella's City of the Sun*）以及莫列斯（William Morris）與威爾斯（H. G. Wells）的理想化著作。

〔湯姆斯．摩爾生於一四七八年，歷任眾議院議長、大法官等職，富有社會改良的思想。因拒絕承認英王亨利爲教會領袖，被斬於一五三五年。《烏托邦》爲其傳世的著作，此書已有劉麟生的中譯本，將由商務印書館出版。〕

一、摩爾與希羅達之會面

那時的最威風得意的英王亨利第八，爲要商榷某些重要事務，派我爲駐法蘭德斯（Flanders）的大使，加入坦斯塔爾（C. Tunstall）的代表團。坦斯塔爾的美德與學識，是比我所能稱讚的還要卓越的。當我滯留於安突衛珀（Antwerp）的時候，有一位市民名蓋爾士（Peter Gyles）的常來訪我。有一天，我偶然看見他與一位陌生人談話，他介紹我與他說話。他是希羅達（R. Hythloday），他曾與惠斯浦奇（A. Vespucci）一同航海，但離開了他，經塔普洛巴泥（Taprobane）和科利庫特（Calicut）而回歸故鄉。

他告訴我們，他找到了一塊很大的空曠的沙漠與曠野，生聚著野獸與毒蛇，但也找到了市鎮、城市與公共福利國，有許多的人民，受治於比起許多膚淺的和愚鈍的還要良好與健全的法律。我就說，他既有學識與經驗，可做任何國王的治國顧問。

「你受騙了」，他說，「大部分王侯所關心的是戰爭事務與騎士功業，而不是和平的功績。」

他說到了英格蘭。「你到過我們的國家嗎？」我問。

「是的確去過」，他說，「我在那裡與諾呑（John Norton）過從甚密，他在那個時候是樞機主教、大主教，與大法官，國王在王室顧問律師中是很信任他的。」

他說，「有一天，我坐在他的桌子旁邊時，一個精通法律的普通信徒，稱讚法律對於惡徒之嚴厲制裁，而驚訝盜賊為什麼還是那麼多。」

我說「先生，並不是這樣，刑罰已超過了正義的限度。因為只是偷東西，其罪並不重大，不該處以死刑，且死刑並不能阻止他們偷盜，因他們除偷東西之外是無法過活的。有許多懶惰的上流人物，僱用許多僕役，主人逝世時，僕役被辭去，他們沒有什麼本領可以謀生，又找不到服役他人的工作，那麼，不是餓死就只好挺身為盜了。」

「而且，看看你的羊群如何消耗與毀滅整個的田地、房屋與城市。為著貴族與上流人物以及一部分的修道院院長、神職人員，上帝就曉得，養最好的羊以剪取羊毛，因而把田園劃圈為牧場、拆毀市鎮，除了教堂之外，什麼房屋都變成為羊圈。農夫被趕出自己的田地，那麼，他們除了盜竊之外還能幹什麼呢？將他們絞斃是公道嗎？上帝就曉得。而且，糧食以及其他的物品都昂貴起來了；高興起來，有錢的人把它們全都收買去，以壟斷市場。除非你找到一個補救的方法來糾正這些弊端，你自誇對惡徒施以制裁，亦是徒然。

「還有，一個偷東西的與一個殺人的，受同樣的刑罰，是有害無益的，因爲這唆使盜賊不如去殺人。但在波斯有一個習俗，凡被定重罪的人，被判從事公共勞動，並不受虐待，如企圖逃跑，才處死刑。他們的衣服是相同的。自由人負有幫助他們之責任。」

「樞機主教說，這種體制對流氓是很適宜的。但有一幫閒的詼諧地說，這制度對付托缽修道士是很合適的，把托缽修道士視爲最眞實的流氓。托缽修道士被這樣譏嘲，就忍不住詈那人爲鄙夫、惡棍，該下地獄的人。詼諧的人變成爲一個眞正的笑柄，因爲他在那一幕戲中演得很好，沒有人比他好，這使那托缽修道士比之前更愚笨地發怒了。」

「他們沒有一人傾聽我的建言，到樞機主教表示贊成時才有人聽。所以，如果我做法國國王的顧問，而他的那些顧問都勸他開戰；我與其勸他不要干預義大利的事，寧可靜居家中；而且向他提議，下令給亞可利人（Achoriens）——他們住於烏托邦島（Island of Utopia）之近旁，他們以戰爭爲他們的國王奪得一個新的王國——叫他滿足於他舊有的王國，把這個新國送給他的一位朋友；摩爾大人我的這番勸告你想會得其傾聽而接受嗎？」

「上帝助我，不會很感謝」，我說。

「而且，摩爾大人」，他說，「毫無懷疑的，不論在什麼地方，如果財產是私有的。一舉一動都爲錢財，國家就不能公平治理與繁榮興盛。當我想及烏托邦聰明和良好的律例時，他們一切事物都是共有，每一個人各種物資都很富裕，但法律卻極簡；我充分相信在把私有財產消滅之前，人類是不能有完全富足的。如果你曾與我同在烏托邦住過，你一定會承認的。」

「所以，拉斐爾先生」，我說「請你把這地方的情形說給我們聽。」

二、烏托邦島及其人民的風俗

烏托邦島的地形象新月，在中央其寬度爲二百英里，向兩端逐漸縮小，其周徑約五百英里，每十一英里劃分爲一區，其間有高石爲界。整個的海岸線就是一個天國，但入境之路有暗礁保護得很安全。有五十四個良好的大城，它們的建築採同一造型，習尚、制度與法律也相同。首要的城爲亞瑪洛特（Amaurote），位於島之最中央。每一城市有相等的郡，以及其上的田園。農夫一半在城市、一半在田園，每年輪替一次。

亞瑪洛特城位於安尼達河（River Anyder）之上，有一較小的河橫貫而過。房屋良好而又華麗，街道二十呎闊，各屋之後面有一花園，他們在其近側建立大倉。

每三十戶，舉出一吏，稱爲「三十長」（Siphogrant），每十個「三十長」之上有「三百長」（Tranibore）。國王是由「三十長」舉出的，任期終生。其餘的一切官員的任期皆爲一年，但「三百長」並不輕易更動。國王與「三百長」們每三天開會一次，每天與兩個不同的「三十長」會談。當天的事情，隨時討論。所有的人民，對於耕種是很內行的，但每人各有其技能，或善石工、或長織布、或其他的工藝，大部分是他父親的工藝。他們只工作六小時，因爲人人都做工，所以凡需用的物品都很富裕，和足供儲存而有餘。沒有一個人懶著不做工，也沒有一個人忙著做無用的事情。所有的城市與郡，除了因年紀太老或太弱不能做工的之外，特許其不做工的，不過五百人。他們不用做工，而從事研究學問，從這些有學問的人，選出大使、修道士、

「三百長」與國王來。

至於他們的衣服，他們做工時穿著皮製的衣，羊毛外套的式樣是一律的，是天然色的；對於麻料衣服，他們不在乎其粗細，只在乎其潔白度；因此，他們的製裝費是很少的。

城市是由許多家庭構成的；每一家庭，法律規定其十三歲左右的兒童人數不能少於十，也不能多於十六。他們如何維持這個人數呢？那就是過多的家庭送幾個給那太少的家庭，或者是城市與城市間的調劑，或者是與外地相調劑，這些外地是在相鄰處有荒廢地。各戶年齡最大的人就做家長，治理全家。城分四角，每一角有一市場，各戶把工作成果帶到那裡，而帶回他所需要的物品，不用錢幣或交換。

每三十戶就有一間公共場所，在約定的時間整個三十戶都來吃中餐或晚餐；也有一育兒所。但在鄉村就各在自己的屋裡用餐。如果有人想到別的城市去，國王就給他一張准許證。但不論到什麼地方，他都必須要做那指定的工作。大家都是夥伴，沒有貧富；各城市派人出席於亞瑪洛特的大會，此城所缺的物品由他城的餘裕供給之。

他們所多餘的，就與外國交換他們所缺乏的（除了鐵外少有缺的）、或換錢幣，他們很少用錢，只用以僱用士兵。他們不用金與銀來製造富麗的器皿，而是用以製造普通的家庭用品、鐐銬。貴重礦石和寶玉則用來製造兒童的玩具。

雖然指定從事研究學問的人數並不多，但每個人在兒童時代都要受教育。他們閒暇的時間，也大部分是花在學習上。他們對於繁星的軌道與天體的移動是很專業的，但他們對於騙人的占卜卻是從沒想過的。

他們爲靈魂的質性與美德的理性，以及愉悅爭辯不休，他們以爲休息是人的最大幸福；他們相信靈魂是不滅的；最大幸福是出於上帝之恩惠、行善終得賞、作惡終受罰。這些原則如果沒被放棄，則人們就會根據「對」和「錯」來勤奮地追求愉悅。現在，只有正當和善良的愉悅才是最大幸福。他們認爲順應大自然的生活就是「德」，而大自然給我們描繪了一個愉快的生活。

他們所稱表面的愉悅，他們一概不做；如衣裳與珠寶的榮耀，或空洞的聲譽；或擲骰；或狩獵——他們以狩獵爲最卑劣的一種屠殺。他們以爲眞正的愉悅，是使靈魂具理解力，從思索眞理所得到的愉悅，與愉悅地追憶過去的良善生活。至於身體上的愉悅，他們最著重那些感官所能感覺到的，與身體健康有關的，如果身體不健康，是沒有任何愉悅的，但他們所最注重的是心智的愉悅、「德」的意識與良好的生活。他們少追求食慾的愉悅，但他們也把那爲了德的虛影，而排斥這項嗜好的人，視爲瘋狂。

至於奴隸，他們也有，那是他們自己人民的罪犯、外地被判死刑的犯人，或外地的貧窮勞動者，出於自願爲奴的。他們對於病人是很愛護的；如果那種病不僅治不好還又極爲痛苦時，牧師就勸他們應該自動的死，但不會違背其自己的意願而置其於死的。

婦女結婚要到十八歲，男人要再多四歲。但如在結婚以前已犯淫罪，不論男女，處罰極重。在結婚以前，男女兩方由莊重的人爲他們引介。侮弄他人的畸形，是被視爲大辱的。

他們不只以刑罰來恐嚇人民不要爲非作歹，但也以榮譽的獎賞來誘使人民行善作好。他們的法律只有幾條，譴責別國有無數的法律典籍，也說明即使那樣還是不夠用的。再者，他們趕走專門操弄法律的人，認爲每一個人都應爲自己的事務辯護。

三、烏托邦的戰爭與宗教

他們不與任何國家締結聯盟，也不信聯盟；締盟時的禮節愈隆重，聯盟以破裂告終也愈快。如果他們都在此生活，誰還會改變他們的心智？他們以爲，不應把一個沒有做傷天害理之事的人當做敵人，而自然的友情才是最有力的聯盟。

他們是很反對戰爭上得來的榮耀。他們每日雖也在操練戰事守則，但他們之作戰只是出於保護自己的國家、或保護其朋友、或糾正那確知的錯誤。他們對於以流血極多換得的勝利，是引以爲恥的，但如果他們以機巧征服敵人，就很高興了。他們對於敵國國王與其他主要對手之生命與身體是很重視的，認爲這樣可以救兩方的許多人命，否則會屍陳遍野，又會引起鄰人的反對。

他們吸引各國的兵士來爲他們作戰，尤其是對付野蠻和凶猛的查波勒特人（Zapoletes），所付的工資比任何別國都來得多。但他們自己的人民，僅那些自願當兵的才去作戰，並不強迫；如果婦女自願，也可偕丈夫同往，在既定的戰場上與丈夫肩並肩作戰。每一個人，四周跟著他自己的族人；他們剛毅和吃苦耐勞，更拒絕被征服。他們既精於埋伏，又善於避免中敵人的埋伏；要斷定他們在這兩方面那種較精通是不易說的。他們的武器是弓矢，相搏不用劍而用斧。他們所設計的與發明的戰爭器械，是很精巧的。

那裡的宗教有好幾種。有的敬奉上帝、有的拜日、有的拜月；有的拜前代曾具有最優德性的人、有的信仰某些不可知的、永遠深不可測的神力；但他們都相信有一位「上帝」，是整個世界的「創造者」與「統治者」。但他們聽見我們談及基督，他們很喜悅地贊同。

他們最久遠的法律之一，就是：一個人為維繫自己的宗教而進行思辨，是不能責罰的，因此，人人都有信仰的自由。但是沒有人可懷有如此低賤的想法：以為靈魂是隨肉體而消滅的、世界運行是無法預見的，沒有神意管理的。

他們有極神聖的修道士，因此，人數是極少的。兒童與少年都受他們教導，學問與良好舉止是並重的。

他說：「這就是那個國家的體制，依我的判斷，不只是最好的制度，而且可宣稱是唯一名符其實的福利國家，一點不為過。」

聽完了拉斐爾所講的故事，雖然心中有許多的疑問，如那種人民的習尚與法律，其根據理由並不充分，但因我知道他是說得很吃力了，我就說另找時間，才來評判與檢驗這類事情。可是在目前的我，湯姆斯．摩爾，雖不能同意和滿意他所說的一切，我一定要坦白和承認，烏托邦福利國中有許多事情，我是願其往後在我們的城市中實現。

第七章　霸術（帝王論）

——馬基維利

尼可洛·馬基維利（Niccolo Machiavelli）的聲名，主要是在於他的《霸術（帝王論）》（*Il Principe*）一書，大約是在一五一四年寫成的，但到一五三二年才出版，那時他已死五年了。此書所討論的大問題是：國王如何能建立並維持最強有力的政府。照馬基維利的意見，應爲純粹權宜的獨裁而犧牲道德原則。國王所見的世界總是一樣的；人民沒有變壞，也沒有變好。因爲世人對於他的方法不十分理解，故他的名字長久被用作罵人的詞彙，即所謂「馬基維利主義」（Machiavellism），但批評家對於他思想的精密與文體的清晰易懂，是一致承認的。

〔他一四六九年生於義大利的佛羅倫斯，死於一五二七年，是一個實際的政治家。

此書，就譯者所知，尚未有中譯本。〕

一、以功績得國

一切的國家和政府，不是共和國，就是君主國。君主國或是世襲的，或是新建的。世襲的國家，是比新建的國家容易維持得多的，在新建的君主國中，有許許多多的困難。

如果王侯在其先代的領土之外，添加上新的王國，成爲一個混合的王國，其危險是在於叛亂，因爲人民是常常準備要更換主人的。如果一個國家發生了叛亂，而被鎮壓下去，以後就不易失去；因爲王侯就以那次的叛亂爲託辭，用種種方法來確保他的地位。

這樣的新的國家，如果地域與語言，是與王侯先代的領地相同時，要保持就很容易。將統治的王其脈絡剷除就已夠了。但如果言語與習俗不同，困難就大大增加了。一個權宜方略就是王侯自己居住於新國，如土耳其對付希臘那樣。再有一個方略，就是移民居住於一二個重要的地點；因爲軍隊之費用是比殖民大得多的。

再者，在這些區域，王侯要常以其較弱的鄰人之保護者自居，而不增強他們的力量；但要壓抑下強大的，不許那可怕的陌生者取得影響力，如羅馬人之所常爲者。

法蘭西的路易國王在義大利的做法卻都與此正好相反。我們可以從法國國王的行事中求得一個普遍公理，這公理永不會錯或很少錯的，即「他如果成為了使別人偉大之原因，他自己就失敗了。」

目前，所有的王國，其統治之方式有二：或是由單一王侯統治著，許多大臣輔助之；或是由王侯與其男爵們統治之，這些男爵之取得其地位，不是由於得寵，而是由於血統。土耳其是第一種的例子，法國國王是第二種的例子。第一種的國家是很難奪取的，但一經奪得，卻很易保持，因為王侯的家族是很易剷除的。但如法國這樣的國家，你可以取到手，但往後很難保持，因為你不能剷除那些男爵們的。

所以，亞歷山大之能夠牢牢控制住亞細亞，是沒有什麼好訝異的；雖然他沒有把那塊地方好好的占領就已逝世；因為達理阿（Darius）的統治性質是與土耳其相同的。

如果新取得的國家從前是自有其法律而且是自由的，有三種方法可以保持它。第一，是毀滅它；第二，是住在那裡；第三；讓它沿用自己的法律，從那些對你親善的住民中間，選出其統治者。但是，最妥當的方法是毀滅它，或者是往那裡去住。

王侯本身如果是新任的，或是因功績或出於幸運。我們若考察那些最好的實例，如摩西（Moses）、居魯士（Cyrus）、綸繆拉斯（Romulus），以及類似的人物，我們就可以看出他們除了奪取的機會是靠幸運之外，就不再靠幸運。這類人物經由有效的途徑，千辛萬難，得到了王國，得雖難，但守卻很易。他們的困難之發生，是因爲他們必然是革新者。如果他們本身有實力可供其運用，他們是很少失敗的。一切的有武力的先知者都得到勝利，而一切的無武力的先知者卻都被毀滅；薩服那洛拉（Savonarola）的情形就是如此。

二、別於功績得國

那些只是由於幸運而得王國的，要保持他們的地位是很艱難的；有的連要保持其地位所需的知識與能力都缺少，即使他的國土很大，也很易喪失其所已得的，例如，羅馬皇帝波耳查（Cesare Borgia）。

公爵要提升他自己的地位是不可能的，除非義大利諸國陷於混亂，使他能安全奪得一部分地方的主控權。就羅馬納（Romagna）而言，法國與威尼西亞（Venetia）的行爲，使他很易著手。第二步的工作是削弱奧西尼（Orsini）與柯倫內西（Colonnesi）這兩派的勢力。柯倫內西被解散，奧西尼則因其單純而被說服在西尼嘉格立亞（Sinigagtia）歸順。既解決了眾領袖，他就從事討好羅馬納與烏耳俾諾（Urbino）的人民。他先在國中立一個嚴酷的統治者，以恢復秩序。這個目的既已達到，那位嚴酷的不得民心的統治者就被斬首。

其次，因爲新教皇對他也許是危險的，他就著手滅絕，那些被他奪去領地的領主們之親族，說服羅馬的貴族，並在樞機主教中取得多數的支持。但在公爵充分穩固他的權力之前，他的父親，教皇亞歷山大第六（Pope Alexander VI），就已逝世。即使如此，他爲其權力所精心奠下的基礎，也會使他成功的，如果他不在最緊要的關頭就瀕臨死亡。他選朱理亞第二（Julius II）爲新教皇，是一錯著，而這錯誤是他最終失敗之原因。

但是，一個人可由邪惡和劣行的途徑，這即是說，非完全由於功績或幸運，而取得王國。我們可以西西里（Sicilian）的亞伽多克勒（Agathocles）爲例；屠殺同儕，背叛朋友，全無榮譽、憐憫，與宗教，絕不能算是功績。但亞伽多克勒的成就又絕不能說是由於幸運。所以，我們不能把他不因功績或幸運取得的成就，歸因於功績，或幸運。

佛摩的奧力弗盧托（Oliverotto of Fermo）可爲近代的實例。他以恐怖的變節與殘酷的屠殺奪得佛摩，但他把地位弄得很穩固，如果他不讓自己被羅馬皇帝波耳查所騙，他的地位是不會被奪的。

我們從這些例子所得的教訓是：奪取一個國家，僭取者應急忙清除那損害其利益者，且必須要一次解決，以後就要以利益來收買民心。

其次，那些受他們的國人所愛戴而成爲王侯的，他們的成功是歸功於所謂倖致的機敏。如果他由人民之愛戴而被立爲王，保護他們不受貴族之壓迫，他的地位是比因受貴族之擁護而得以立來得強固。但不論在哪一種情況，他一定要撫慰人民。舊時有句格言說：「他如建築在人民之上，是建築在泥沼之上」；話雖如此，我還堅決地主張王侯一定要與人民調和的。

要取得教會的王國，也是需要功績，或幸運；但要保持其王國，卻就用不著，因爲他們是由宗教的權威維護的。教皇的世俗權力之所以那麼廣大，是教皇亞歷山大第六與朱理亞第二所採取的政策之結果。我們可以希望利奧教皇（Pope Leo）像他的先輩們以武力擴大教皇權那樣，以他的仁慈和其他無數的德行，使教皇權更偉大、更值得尊敬。

三、如何保有其國

王侯一定要用他自己的臣民、或僱傭兵、或外援軍，來捍衛他的國家。僱傭兵是極不可靠的；如果他們的隊長是一位無能的人，王侯就會傾覆；如果隊長很能幹，他就要謀其本身的目的。義大利的許多城市與國家，爲要保持他們的地位而僱用外國人，就一直重複這種情形。

但是，依藉外援軍的，更加沒有成功的機會。因爲外援軍是比僱傭軍更爲危險，隨時帶來毀滅。外援軍愈精良就愈危險。從敘拉古（Syracuse）的亥厄洛（Hiero）到羅馬皇帝波耳查，王侯能不依藉外力而依賴本國的軍隊，他們的權力就跟著增加。

王侯一定要只專心於戰爭，不及其他才能強盛，否則他就會失去他的王國。如果他對於戰爭的事情不內行，他就不會得到兵士們的尊敬，他也不會相信他們。所以，他一定要演練戰爭與研究戰事技巧。關於演練，狩獵在許多方面看來是極好的訓練，使他熟悉國內的形勢，又使他的身體強健。關於研究，王侯一定要讀歷史，注意偉大人物的行爲，檢驗他們的勝利與失敗之原因，模仿那些著名的人物。

不論是誰，如果他不論做什麼事，都達到了「善」最完美的標準，他一定會毀在那些不善的人手中。所以，王侯必定要學習怎樣使壞，必須做好時就做好，必須使壞時就使壞。

以寬宏見著是件好事，但只是寬宏而無寬宏的聲譽，那就有害了。徵稅以顯其必要，王侯就爲人民所惡；如果透過慳吝，他的收入是可以夠用的。所以，我們所看見凡成大業的王侯，都是那些被世人目爲悲慘的人。

每一個王侯都欲人說他仁慈，而不是殘酷；但一個新王侯是無法避開殘酷的名聲的，因爲他借助少數指標性的安全，以鎮壓騷動，結局反是較爲仁慈的。

要使人愛他，不要使人怕他。如果王侯使人懼怕，即使不能得人之愛，也要使人勿恨。記住，人易忘其父親之被殺，而難忘其世襲祖產之喪失。

王侯之不在乎出爾反爾，而知如何以奸詐欺人的，會成大業，比那些信守誠實交易的王侯為佳。王侯一定要做一頭獅子，但他也要知道怎樣扮演狐狸。想欺人的，永不會找不到願受欺的人。簡言之，王侯非萬不得已時，不要捨棄正當的途徑，但如果非用不正當的手段不可時，他也要知道怎樣運用不正當的手段。

王侯一定要避免被人民所恨，或被輕視。所以在他所有的行為，都必要顯出勇氣、智慧，與力量。要陰謀推翻這樣的王侯，是很困難的。聰明的王侯，把那些會涉及責任，並會讓貴族或人民憎惡的事情，都諉給別人去做，但那些有關恩惠和可得人愛戴的事情則留給自己。

我所說的話，與羅馬諸帝的歷史是並不矛盾的；因為他們不是使兵士滿足，就是使人民滿足，這兩條路他們要選擇一條。他們不顧任何代價，必定要保有對軍隊之支配，但他們要做到這一層，極少能不損及人民的利益的，如果我們檢驗他們的歷史，就可看出他們充分證實我所定下的原則。

但是，在我們的時代，王侯的常備軍並無羅馬帝國的軍隊那樣的權力，所以，除了在土耳其與蘇丹（Soldan）統治之外，滿足人民是比滿足兵士更來得需要了。

四、權　謀

新王侯，永不可解除他臣民的武裝，反是應該武裝他們，至少也要武裝他們其中一部分。因爲，這樣一來，他們就變成他的遊擊兵（黨羽），如果沒有他們，他就一定要依藉僱傭兵了。

但是，如果他在其原有的領土之外，再呑併一個新的國家，那麼，他一定要解除新國家人民的武裝，而依賴他自己舊有國土的軍隊。有的，在他的新臣民之中間，製造不和，使他們因內鬥而變弱，但這種政策到終局很少有效。奪得新國家之王侯，如果能說服那些起初反對他的人物，並信任他們，他所得的憑靠，是比依藉那些開頭就對他親善的人物來得強的。

王侯如果懼怕其人民甚於懼怕外人，就得要建造城堡；如果懼怕外人甚於懼怕人民，就不要干擾其人民。你擁有最好的城堡，就是使人民不痛恨你。

王侯要得人之景仰，莫過於從事偉大的冒險事業以證明其能力。亞拉岡（Aragon）的斐迪南（Ferdinand），在我們的時代，是基督教國度最著名國王。你如果研究他的成就，可看出他所成就的事業都是偉大的，有一些還是非常的偉大，他最先與格拉那達（Granada）宣戰，這是他權力的基礎。他借助宗教的外表，配合或可稱之爲僞善的殘酷行爲，把國內的墓爾人（Moors）肅清，進軍非洲，入侵義大利，最後進攻法蘭西；他的臣民，專心從事於這些偉大的行動，沒有時間也沒有機會反對他。

爲要保有好的大臣，王侯一定要以利益來困住他。最主要的，是王侯不要被諂諛者所欺，他與他的顧問商議時，他自己一定要深思熟慮而下判斷。王侯如自己不夠智慧，也就不能好好地接受他人的忠告的。

在我們時代的義大利王侯，他們之失國，或因兵力不足、或因人民反對他們、或不知如何對抗貴族，以保全他們的地位。論及幸運的影響，我們可以說幸運是我們行動的一半主宰，但另一半是歸我們自己操縱的。王侯之行爲方式，如能特別適應那一時代的特性，他就最強盛；所以，在某一時候極謹愼，在另一時候極奮進，這樣的人是較爲成功的。

在現今，整個的義大利是沒有一位首腦，沒有秩序、被打敗、被糟蹋、被分裂、被蹂躪，蒙受各式各樣的破壞。她祈求上帝遣派一個人來拯救她，跳出這些野蠻的殘酷；她很願意跟隨那以解放者自任的人。這種工作，對美地奇（Medici）有著顯赫門第的偉大的羅棱素（Lorenzo），並不是太難的。理由是正大的；我們已有空前的事證是得神之佑的。一切的事物都會合來提升你的偉大。餘下要做的都必須由你起來做了，因爲上帝不會每件事都自己做的。

第八章　學問的前進（學問的進階）

——培根

在一六〇五年十月，法蘭西斯・培根（Francis Bacon）發表其《學問的進階》（*The Advancement of Learning*），其目的是要使國王對於新的哲學觀念發生興趣。他正是這個觀念的主要提倡者，而本書實際已將其整個哲學隱含其中。這篇對現存的知識狀態之評述，是想作爲後來《龐大的體系》（*Instauratio Magna*）一書的第一部分（這是他將所有哲學知識進行全盤梳理的計劃），稱之爲〈科學的群體〉（Partitiones Scientiarum）。培根不斷地修改此書，最後譯爲拉丁文〔書名爲《尊嚴和進步的科學》（*De Dignitate et Augmentis Scientiarum*）〕，經過頗多的增添以現行的面貌重新於一六二三年出版。

〔培根生於一五六一年，死於一六二六年，不單是英國的政治家，而是世界的大思想家。他的重要著作除此書外，尚有《新工具》（*Novum Organum*）。他在學術史上最大的貢獻，就是建立「歸納法」。

此書，就譯者所知，尚未有中譯本。〕

第一卷

我們把知識與別的事物比較誰爲高貴。知識的雛形是神的智慧（Divine wisdom）或呈學識狀，顯現於天地的創造。在天的層級政治中，傳言雅典的狄奧尼素（Dionysius of Athens）把知識與光明的天使位於各官之前。最先創造的物質形態就是光。光之於有形物正如知識之於無形物。神在思索祂自己的工作的那一天，是比他完成那些工作的那些天，更來得愉快的。

人類在《樂園》的第一件工作，是知識的兩個主要部分，即：觀察萬物，給以命名。在洪水時代以前，《聖經》對於發明音樂及發明金屬製物的人，是加以稱讚的。摩西（Moses）學了埃及人的各種知識。《雅各書》包含著自然哲學。在《所羅門》，智慧與學問是重於一切其他地上的和現世的幸福。

我們的救主〔指耶穌——譯者註〕在祂顯出有能力以奇蹟克服大自然之前，他先與博士會談，顯出有能力克服無知。聖靈之降臨，大都是形之於口才，這是知識之載具。

聖保羅是使徒中最有學問的，他的筆大部分是用於寫《新約》。教會古代的神父們，有許多對於異教的學術是很有研究的。在西徐亞人（Scythian）與薩拉森人（Saracen）入侵期間，異教的學術是保存於教會神聖的內部。在我們時代，當神命羅馬教會清算那些墮落的行爲，與令人厭惡的教條時，他也命令革新一切其他的知識。在另一方面，耶穌教派（Jesuits）促進學術，這對羅馬教廷是一大功績。

人類的學術對於宗教有兩個重大的貢獻：第一，思索神的工作，是最能使人讚頌神的榮耀的；第二，眞正的學問是唯一能阻止無宗教信仰的。

現在來論學術尊嚴的人間證明。在異教人之中，發明新的藝術的，如栖里茲（Ceres）、巴卡斯（Bacchus）與阿波羅（Apollo），都因受尊崇而位列諸神之間。奧缶斯（Orpheus）的寓言，說有許多好鬥的猛獸很和善地靜立聽豎琴奏彈，很適合來描寫人類的天性，當他們傾聽告誡、法律，與宗教時就保持著和平。曾有人說過，當國王是哲學家，或哲學家是國王時，人民會很幸福。歷史指出在有學問的王侯統治之下，是人民最美好的時代。

論及知識對個人品德之貢獻，藉由知識大量提示一切的懷疑與難處，並且使心智有對兩方面的理由加以權衡之習慣，除去一切的輕浮、鹵莽，與傲慢。知識除去對於任何事物的空洞歎賞；這種空洞的歎賞是一切弱點之根源。一個人如果到過後臺看傀儡戲如何演出，他對傀儡的演出就不會感到驚奇了。如果一個人常常思索大自然之普遍的構造，那麼，他視人類所居的地球（除了靈魂的神聖性之外）只不過是一個蟻丘，有的蟻銜著穀粒，有的蟻負著小蟻，有的蟻沒有帶著什麼，在這一小堆灰土上來來往往個不休。

知識給人類的天性冠上能力。知識甚至把幸運給特殊的個人。武器與學問，誰使人增進較多，是很難說的。

最後一點，透過學習使人類超過了野獸，也使人超過了人。知識最尊貴的地方是在於不滅或延續。荷馬的詩歌，豈不是繼續存在了二千五百多年或更久，沒有失去一個音節或字母，但在這二千多年的期間，無數的王宮、神宇、城堡、城市都已潰傾毀滅了嗎？如果運貨物到各地及使偏遠的地方藉以連絡之船的發明，被視爲如此高貴，那麼，文字豈不是要更尊貴得多？通俗的與錯誤的判斷是照舊繼續存在的。依存文字的學問也繼續存在，沒依存文字的學問則不會存在。

「智慧證明其子女是正當的」。

第二卷

人類的學問之三個部分與人類的悟性之三個部分有關——歷史與人類的記憶、詩歌與人類的想像、哲學與人類的理性。神的學問，其分類相同，所以神學由三部分構成，教會史、寓言（神聖的詩歌），和神聖的教條或告誡。預言不過是神史，是先於事實的記述。

歷史有大自然的、政治的、教會的，和文藝的。前三種是已有了的，但第四種有缺漏。從古至今的學問之眞實歷史，是不足的。

大自然史有三種：常規的大自然之歷史、偏離的或更動的大自然之歷史、已變的或加工過的大自然之歷史；這即是說萬物之歷史、奇事之歷史，與藝術之歷史。第一種已有了，而且很完備；但其餘兩種卻處理不善，我以爲是有缺漏的。

藝術的歷史，對那有利於人類的生活之自然哲學，是大有用處的。

政治的歷史有三種：記錄、完善的歷史，與古代的遺物；這好比是未完的、完成的，與已損的圖畫。公正的和完善的歷史，代表著一個時代、一個人物，或一個行動。第一種我們稱之爲編年史，第二種稱爲傳記，第三種稱爲記事或故事。

近代的歷史，大部分是在凡庸之下的。年刊與日記也是一種歷史；這是不會遺忘的。此外又有反思的歷史，在其中，政治的論述與觀察，和事實本身的歷史相攙雜。

教會的歷史之分類，與政治的歷史相同，但也可以再分爲教會歷史、預言的歷史，與神意的歷史。第一種是並不缺漏，只是我願望其眞實性與其數量是成正比的。預言的歷史，將每一預言與實現預言的事件，整理起來，這樣的預言史是有缺漏的。神意的歷史，以及神的審判與拯救之有名例子，已有許多人投入工作了。演講辭、書信，與箴言，是歷史的附屬物。

這些就是有關適用於記錄的歷史。

詩歌是涉及想像。詩歌就其字句上說，只是一種體裁；就其內容上說，只是杜撰的歷史，它可以用散文體寫成，也可用韻文體寫成。這種杜撰的歷史，其用處就是使人類的心智，對事物的性質所否認的那些地方，能有滿足的影子。詩歌爲豪氣、道德，與喜樂服務。可分爲敘述的、象徵的，和引喻的或比擬的詩歌。詩歌我敢說沒有缺漏；它已萌發，並且傳播得比其他的任何一種學問來得廣。

在哲學，人的思索或是滲入於神、或圍繞著大自然，或考察他自己；因而產生三種知識——神的哲學、自然哲學，與人的哲學或人文。

但在我們到達分手的地方之先，最好是建立一普遍性科學，即「*Philosophia Prima*」，「原始的」或「概括的」科學。這普遍性科學，凡不屬於哲學或科學之任何特殊部分，但爲各部分所共有的、且屬於較高一級的、一切有用的觀察與公理，都由它收納。

神的哲學，或自然神學，是那些關於神的知識，可以從思索祂的創造物而得到的知識。這種知識與其說是缺乏，不如說是太多，因爲宗教與哲學都接受了極端的偏見，把其混合成爲異端的宗教與荒謬的哲學。

自然的哲學有兩部分，考察「因」與「果」的產生；思索的與運作的；自然科學與自然愼思。

自然科學分爲物理學與形上學。但我已界定了「概括的哲學」以及自然的「神學」，它們常被人與形上學混淆，那麼，留下給形上學的是什麼呢？物理學研究有關「質因」與「效因」（material and efficient causes），但形上學處理「形因」與「究因」（formal and final causes）。所以，物理學是介於自然歷史與形上學之中間詞彙；因爲自然歷史描寫事物的種類，物理學研究變化的或各自的原因，形上學研究不變的與恆常的原因。

關於形上學，我覺得有一部分被忽略，有一部分被誤置。我將數學當成形上學的一部分；這部分是無缺漏的。但自然的愼思——自然哲學之運作部分——是非常缺漏的。最好是把人類所有的各種發明列成一表或清單，同時也列出那些尙未發明的有用事物；一張懷疑表，和普通謬誤表，也是需要的。

現在說及用於我們自己之知識——即是人類的哲學或人文。最先，對於人類的天性作一通盤的研究，要注意到同情以及身體、心智之調和。其次，因爲人身之「善」有四種——健康、美、力、愉悅——故人身的知識也有四種——醫學、裝飾或美容、運動，與感官娛樂藝術。醫學，其言多於行，其徒勞多於進步，即使費力卻是在兜圈子而不是前進。

關於心智官能的知識有兩種，一是關於悟性與理性的，一是關於意志、嗜好，與心情的。想像力在這兩部分是很活躍的。

智力的藝術有四——研考或發明、檢驗或判斷、監護或記憶，與論辯或傳承；這些可再分成各種科學和藝術。嗜好與意志之知識，或道德哲學，朝向文化與心智的管控，是很缺乏的。

因爲人在社會找求安樂、有用，與保護，故政治的知識有三部分——對話、商議，與政府。其中，第一種是很多人參與的，第二、第三種都非常缺漏。我們如此就結束了人類的哲學，轉向神聖的與啓發性的神學，所有人的遊歷之入口。

神學有四主要分支——信仰、儀態、禮拜典禮與政府。神學是沒有空地且已廣被耕耘，人類在這領域內工作得如此勤奮，有的是在播種子、有的是在播稗子。

第九章　戰爭與和平之權利——格洛秀斯

雨果・格洛秀斯（Hugo Grotius）的第一部著作爲《海洋自由》（*Mare Liberum*），出版於一六〇九年。其不朽的著作《戰爭與和平之權利》（*De Jure Belli et Pacis*）是出版於一八二五年。最早論及此題目是一篇《論利權的法律》（*On the Law of Spoil*）寫於一六〇四年，但直至一八六八年才出版。他也寫神學的著作，他《荷蘭編年史》（*Annals of the Netherlands*）一書是當代有關反抗西班牙最好的史書。但能讓他位居世界偉大法學家之一是由於此書。此書致力於權衡，國對國間行爲所引起的法律和道德之經常性衝突主張，爲近代國際公法的基礎。

〔他生於一五八三年，死於一六四五年。荷蘭人，曾任法官。後因政治關係，逃至法國，後又服務於瑞典政府。爲駐法大使；晚年回國，死於洛克斯萬。

此書，就譯者所知，尚未有中譯本。〕

一、寫作之動機與性質

所有的國家，在準備戰爭與從事戰爭的時候，有若干權利是大家都有的。我對於此點，既有充分的確信，那就有許多的和重大的理由，使我寫本討論這方面的書了。我觀察整個基督教徒的世界，他們對戰爭之特許，連野蠻人也會覺得羞恥的。我發現人們輕率的，或甚至於不講理由的急於動武；一朝拿起武器，就置法律於不顧，不管是神的誡律或人的法律。好像是只要一經簡單宣戰，就可以隨便瘋狂幹各式各樣罪惡的事。

如此荒謬野蠻的景象，使許多人，其中絕不是弱者以爲，基督徒之主要任務既是愛所有的人，就應禁止使用武器。斐拉斯（Johannes Ferus）與我們的同胞伊拉斯莫士（Erasmus）有時就是贊同這種主張的；他們是愛好和平——教會的和市民的——的偉大人物。但我以爲他們是和「矯枉過正」的人看法相同。對於那些以爲一切都合法的，和對於那些以爲無一合法的，都要給予避免。

在戰時，法律是無效的；但無效的只是那些和平時所行的民事與審判的法律，而並不是那些永久的義務，與對於不論何時都適用的法律。普魯薩（Prusa）的狄溫

（Dion）說得好，在敵人間，成文法即民法是無效的，但不成文法是有效的；不成文法就是人性所支配的、或各國同意所制定的那些法律。羅馬人古代的信條——「我的意見是：這些東西是一定要由一個純粹的，和公正的戰爭來恢復的」——就表示出這一層。據華祿（Varro）的觀察，羅馬人之加入戰爭是很緩慢的，因他們以爲只有公道的戰爭才可推動。卡密拉斯（Camillus）說，作戰不僅要有勇往直前之氣，也要處理得極爲公正；阿夫立撈那（Scipio Africanus）說，羅馬人之從事戰爭，以公正始，以公正終。再有一人說，「有戰時的法律，正如有和平時的法律。」

研究的方法

要用什麼方法合適，我們此篇文章不在理論上討論，而在事實上表示出來。它處理著法理學最高貴的部分。在第一卷中，開始說及權利的起源，隨後就討論這個普遍的問題：有沒有公正的戰爭？後面，爲要發現公的戰爭與私的戰爭之區別，我們就從事於說明最高權力的範圍，哪種人民、哪種國王擁有最高權力之全部，誰有其部分，誰有權力可以割讓它，誰沒有權力但能割讓它。然後我們必須解說人民對於統治者所負的義務。

第二卷說明戰爭可能發生之原因，全面顯示共通點有些什麼，個人私有的是些什麼，一個人對於另一個人有什麼權利，因所有權而產生的義務是什麼，合法的繼承有什麼規定，從盟約或合同所生的權利是什麼，條約的效力與詮釋權是什麼，誓言——公的或私的——的效力與詮釋權是什麼，對已成損害有什麼賠償，大使有什麼特權，什麼是埋葬死人的權利，懲罰的性質如何。

第三卷所討論的是本書第一課題：在戰時什麼是合法的。然後辨別哪些是完全免受懲罰的行爲，或甚至可辯稱行之於外國，也是合法的行爲，與哪些是無可非難的行爲；然後論及幾種和平以及結束戰爭的各種會議。

我首先關心的，是那些屬於人性法則的事物，皆以某些如此特定的理解力爲證；人如果不違背其判斷，是不能否認它們的。那法則的原理，如果你加以適當的考慮，是很顯明的，不言自明的，幾乎是與我們表皮感覺所覺知的事物一樣，只要我們的器官作用得當，而其他的必要的事物又不缺少，感覺是不會欺騙我們的。

我對於這法則之證明，也是如此，利用哲學家、歷史學家、詩人，以及演說家各種人的證詞，並不是他們所說的話用不著深究就可相信；但各時各地的人物，如果對於同一事物一致肯定其爲眞理，這必有一個普遍的原因，在我們所討論的問題中，它或是從人性原則所得的正當推論，或是一個普遍的共識。前者是表示著人性的法則，後者是表示著國際的法則。

二、戰爭與法律之關係

人性的法則（law of nature）是正當理性的支配，指出任何行爲都具有道德上的罪過或正直，與我們的理性的——和社會的——本質相合的就是正直，相背的就是罪過。所以，這種行爲，或爲「神」——我們的天性之「創造者」——所禁止，或爲他所要求。這支配下所交付的那些行爲，其本身或爲必行的，或爲不合法的；因此，必得理解爲「神」本身所命令的或禁止的。

這人性法則不僅尊重那些非依於人類意志的事物，但也尊重許多出於人類意志的行爲所生的事物。因此，現在使用的財產是出於人類意志的，一經承認，這人性法則就告訴我們，如果違背物主的意思，拿走他的東西，是一件邪惡的事。

所以，民法家包路斯（Paulus）說，盜竊是人性法則所禁止的；阿爾正安（Ulpian）說，是被人性所鄙視的；幼里庇得（Euripides）說，是「神」所惡的。而且，人性法則是完全不能變更的，就是「神」本尊也不能更改它。因爲「神」的能力雖是無限的，但有若干情事是這無限的權力所不及的。例如，「神」本尊不能使二乘二不爲四，所以，「神」也不能使那本質是惡的，成爲不是惡。

戰爭之合法性

人性之最初印象，並沒有嫌惡戰爭；不如說，一切都是支持戰爭的。因爲，戰爭的兩個目的——保存生命或四肢，與獲得或確保生活所需的事物——是與人性之最初動念相適合的；在必要的時候，運用武力，並不違背人性；因爲天性給予各種動物以自衛的力量。

正當的理性與社會的本質，後者將放在第二順位卻是主要項目來檢驗，並不禁止一切形態的暴力，所禁止的只是那些與社會不相容的暴力，也即是說，那些侵犯他人權利的；因爲社會的規劃是：以整個社會的聯合力量，使每個人都能安靜地享受他自己的所有。即使不涉及我們所謂的「財產」，有時也有以暴力自衛之必要；是容易被接受的。因爲我們的生命、四肢，與自由，也是完全屬於我們自己的，不能被人家侵犯的，——除非我們幹下了明顯的不公的事情。使用公共的事物，照人性所要求的程度消費它們，是他的權利；如果任何人企圖妨害他，那個人就犯了實質損害罪了。

主權與作戰權

下級的行政長官是否有權力，拾起武器挑起那應被稱爲「公共的」戰爭；對這問題，法律界的意見並不一致。誠然，如果「公共的」其意義是指由行政長官的權力而行的，那麼，這種戰爭無疑是「公共的」；所以，在這種場合，如有反抗行政長官的，就應受罰，因爲他們違抗了他們的上級。但是，如果「公共的」依其較高的意義解，那才是正常的意義，那種戰爭並不是公共的戰爭；因爲要成爲完全的公共的戰爭，必定要有主權之明白的決意，以及其他幾個條件。主權是指其行爲不從屬於另一權威，所以，主權不能被任何他人的意志隨意使其無效的。

有人主張，最高的權力是在於人民，沒有例外；所以，如果國王濫用他們的權力，人民是可以限制或懲罰他們的。這種主張，我們一定要反對。因爲這種主張引起了各種不幸的事故，如果人民都充滿著這種意見，一定還要生出許多不幸的事故出來，這是每一個有智慧的人都明白的。

另外有一些人以爲，國王與人民是互相依賴的，所以，如國王善用其權力，人民就應當服從國王；但是，如國王誤用其權力，國王就變爲依賴其人民的了。若他們這種主張，其意是指，我們對於我們的國王的義務，並沒有使我們不得不做那些顯然是不公的事情，則他們所說的正是眞理，但這並不隱含有權利可強迫國王、或命令國王。

誠然，每一個人都是自然有權利的，可以抵抗任何對於他們的損害；這是我們上面說過了的。但公民社會之成立旨在維護和平，國家立刻就產生一較高的權利，這權利在爲達那個目的其必要之限度內，是超乎我們和我們的權利之上。所以，國家具有權力以阻止，任何他人無限制地使用其權利，以保持公共的和平與良好的秩序，它無疑地是這樣做的；因爲如果允許無規律的行使那種抵抗權利，就不成爲國家，而是散漫的人群了。

在極端的情況下是容許反叛的

那些依賴於人民的王侯——不管他們在開始時就建立在那種基礎上，或是他們的權威由後來的協議，予以如斯的規範，就像在斯巴達——如果王侯違反了法律與國家，人民不僅可以用武力抵抗王侯，且如有必要，還可處以死刑。如國王或其他的王侯已禪位，或明顯放棄其權力，從此以後我們就可以像對任何私人一樣對待他；但疏忽執行政府的功能不能當爲實際禪位。如國王割讓其國，或使它成爲別國的屬國，他就喪失他的王位。如國王旨在使其全體人民毀滅，他就失去其國。

戰爭之正當原因

爭訟的行動是有許多來源的；同樣地，戰爭之原因有許多。訴求公正之方法已盡，戰爭乃起。大多數人以爲戰爭之正當的原因有三：自衛、恢復自己的財產，與懲罰。如果一個人遭攻擊至有無可避免的危險時，他不僅可以與侵犯者交戰，而且可以正當地毀滅侵犯者。在這情景每個人都會允許我們如此作，這種私人的戰爭是正當的與合法的。有一些著者嘗主張：按照國際法，如有一個王侯或國家實力日漸成長，可能危及我們，我們就可以採取武力來削減其勢力。這種主張，我絕不能予以贊同的。一般而言，除了損害個人或財產的權利之外，沒有什麼戰爭的正當理由。所以，國際公法，涉及權利之擁有與獲取、契約之實行，或損害之賠償這許多問題，就進入民法範圍了。

海洋的財產

我們確定主張，沒有人能占有海洋，不論是整個的，或其主要分支。讓人類不得不中止共用習慣的原因，與此事是毫無關係的；因爲海洋是如此的浩瀚，不論是水、漁，或航行，各國都能使用而不致缺乏。介於兩陸地之間的海，不論是高聳的寬廣海灣、或高出或低於海平面的海峽，只要海的面積與兩旁的陸地比較，海的面積不太大，那麼，這一部分海的財產和統治權可爲那擁有兩旁陸地之國度所領有。但一定要承認：在羅馬帝國時代——從最初時期降至於查士丁尼（Justinian）的時代——所已知的各部分海洋，不論哪一國民都不能聲索爲財產；這是國際法。

如果有若干面積的海，是一私人所有土地的從屬產權，被圍在裡面，面積很小到不足觀，可以被視爲該土地之一部分，假如這並不與人性法則相矛盾，那麼，爲什麼被陸地所圍的海洋，不屬於那擁有海岸的一國或數國所領有呢？

但是，我們要注意，如果在任何地方不遵守這關於海洋的國際法，或曾遵守以爲往後應該廢棄，也並不是只要擁有陸地，就擁有陸地所圍著的海。在這場合，並不是充分的國際行爲。但必須以公然行爲表示，並使人知道他已占領，他才算是領有那一部分的海。這樣的由「先占權」而得的領海，如果後來被捨棄，海就復歸於原始自然狀態。

占有任何部分的海的人，阻礙那些沒有武裝的船在那裡航行，一定不能算是合法的；因爲這樣的通行權，即使是穿過別國，雖常是必要性較少而危險性較大，也不能加以阻礙。

管轄權與國家延續

財產與管轄權，如經捨棄，就完全停止。但尚有別種的失效方式，如，握有這財產或管轄權的主體不存在且沒有繼承人。團體政治之消滅有兩種方式，或是其全體的成員都被殲，或是其組織已毀（如，當人民因瘟疫或暴亂而渙散，或被武力驅散，致不能重新結合，這是在戰時常有的事）。

一個民族，可能喪失他們所共有的權利之一部或全部；這是發生於每一個人降為奴隸時，或是他們雖保有其人身的自由，但主權已被剝奪。

但是，一個民族如果只是離開他們從前的地方，若他們的政治形式繼續存在，他們仍不失其為一個民族。政府的形式，不論是君主政治、貴族政治，或民主政治，都不影響這點。

異邦人與同盟

被他們本國所逐出而在別處找庇護的人，如果他們遵守既存的法律，以及一切其他關於禁止參加暴亂的規定，那就不應拒絕其永久居住。

關於聯盟，與那些不信奉眞正宗教的人們結盟是否合法，這是一個常起爭論的問題。就人性法則而言，這是沒有什麼值得懷疑的。因爲這種結盟權是所有人所共有的，不能因宗教之故而有所例外，幫助無信仰的人，並沒有什麼害處；反之，懇求他們幫助，也是無害的。

這並不是一個本質的或絕對的惡之問題，應該就實際情形加以權衡；我們應當心，不要因我們與他們發生太過密切的關係，致在脆弱時爲流言所毀、或感染。

論懲罰的戰爭

我們一定也要知道國王以及具有與國王同等權力的人，不只有權力可以懲罰，那些損及他們本身或其臣民的人，也有權可以懲罰，任何嚴重違反人性法則或國際法的人。以刑罰照顧人類社會的利益，這種自由在最初的時候是每一個人都具有的，但後來建構了公民社會與法庭，這種自由就歸那些擁有最高權力的人們——並不是說他們有超乎別人的權威，而是說他們不受他人的支配——所有了。

論在不正當的戰爭中的傭兵

但至於那些不問戰爭的原因是否合法，答應參戰的盟友，這種不顧戰爭原因是否合乎正義，而只知爲報酬而戰的兵士，他們的生活路線是再可憎不過的。如果他們只是出賣他們的生命，那並不是多重大的事情；但他們也把許多無害者的生命也出賣了——他們是比絞刑吏更可惡的，因爲無緣無故殺人，是比有理由殺人來得更壞的。戰爭並不是一份良好的職業；不僅如此，戰爭是一極可怕的事，除非是出於絕對必要，或眞正的仁慈，是不能使它成爲光榮的。

三、戰時的權利與義務

對敵人使詐

道德性質的事情，那些爲達某一目的之手段，也具有那目的之性質。所以，我們有權可以運用那些爲達到我們正當的權利所必要的事情。如果爲保護我的生命，除了用武力之外沒有別的法子，那我就可以用任何一種武力，來擊退那危及我生命的人，雖然那要危害我生命的人，他之要奪我的生命也許是無可咎的。這種權利，並不見得起於他人之有罪，而是因天性給我以自衛權。

羅馬的法官把一切對敵人使詐都算做無罪的，以武力取勝，或以詐謀取勝並不重要。但是，給人以承諾，就是給人以一種新的特別的權利；對於敵人，也是如此，儘管他們公然表現敵意；不只是公開的承諾，就是默示的承諾，當不得不當面質詢時，也是這樣的。

在別的言談中，我們所說的話，如果在任何一種意義上是說得過的，只要不是太希奇的，我們就不算是說謊；但在立誓時（因爲我們不單對人，也對「神」，我們的誓言使我們對「神」負有義務，雖對人不生任何權利）我們就必須誠懇地相信我們說話所指的意義，是與我們所對其發誓的人所理解的相符，所以，那些人毫不猶豫地主張，以宣誓欺人是與以玩具騙小孩同樣合法，我們大可以把他們當爲不敬神明的人而憎惡之。有幾種欺詐，雖爲人性所許可的，但爲國家或個人所擯棄；國家或個人之所以擯棄那幾種欺詐，或是出於精神之偉大，或因對於力量之自信。

現在，懸白旗是一種請求談判之符號，是與書面的請求有同樣的約束力。

依照國際法，對於施害的國家之所有人民，都適用報復的規定。因報復與那爲償付公共債務而徵收的租稅，是同性質的。在臣民中國際法所免除報復的，只是大使及其行李——當他們不是被派至我們的敵國那裡。但是，依照國際私法中，婦女與兒童是享有特權的，甚至連學者的物件以及從事交易的物品，也受特別優待。辛尼加（Seneca）說：「幼齡兒童與婦女應恕免。」

至於那些與作戰完全沒有關係的人，也應受同樣的優待。即使不是爲正義之故，但爲仁慈之故，也不應害及無辜，除非是因特別的原因或爲多數人的安全。

對於被征服者的待遇——關於政府與租稅

如果在私人的關係中，公平是不可或缺的，人道是值得稱讚的；那麼，國家——或國家之一部——間之關係，更要有公平與人道，因受利或害所影響的人是很多的。正如在一個正當的戰爭中可以獲得許多事物，主權者對於人民所有的權利，以及人民對於主權者所有的權利，也是可以奪得的，但，要在因他們的侵害而引起的報復之程度、或任何其他債務之價值，所容許的限度內。

除此之外，還必須避免極端的危險。在民族危機時，對於被征服的敵人過分的信任，是一殘酷的憐憫。薩勒斯特（Sallust）記述古代的羅馬人，「我們的祖先，人類中最信宗教的，從那些被征服的人中沒拿東西，只拿去危害的能力。」這是值得一個「基督徒」深思的。他又說過類似的另一句話：「聰明的人，爲和平而戰爭，爲休息而勞動。」我們基督教的神也教示我們，說戰爭之目的是要把那些擾害和平的事物除去。

在奈那斯（Ninus）時代之前的習慣，是保護國界而不是擴張國界。古代羅馬人的謹愼穩健，極接近於這種原始時代的可爲表率的純眞。辛尼加說，「如果沒有正當的政策把被征服者與征服者攬合起來，我們的帝國將會變成怎樣的？」

最後，尤值得稱讚的是羅馬皇帝安托奈那（Emperor Antoninus）宣布說，在羅馬帝國範圍內的所有人都是羅馬的公民。勝利中的穩健，尚有一種，就是讓被征服的國王或人民依然有他們自己的政府。

徵收租稅之主要目的，不在於取償戰爭之耗費，而在於保證征服者與被征服者之將來的安全。栖里亞利斯（Petilius Cerialis）在塔希特斯（Tacitus）與林古湼斯（Lingones）以及別的高盧人（Gauls）代羅馬人辯護：「我們，雖常被挑撥，但戰勝所給我們的權利，我們只徵收維持和平所必需的款項。因爲國際的和平，沒有軍隊是不能維持的，軍隊又不能無經費，要經費又不能不徵稅。」

關於軍火、戰艦，大象之放棄，要塞與軍隊之不再維持，這些處置是可讚許的。但讓被征服的人依舊有他們自己的政府，這不單是合乎人道，而且是一種極好的政策。

中立

不參與戰爭的，有義務不加強，那進行不正常之目的者的力量，也不阻礙那有正當目的者的行動，如我們在前面所說過的；他們對於戰爭雙方要平等待遇，如不許其通過其領土、不供給其軍隊的軍需，與不解救被圍困的。

仲裁

關於仲裁者，雖然當事者兩方都同意接受他們的判決，在民法中或許規定（有些地方已規定）把控訴文公布。但對於國王間或國家間的爭議，是不適用的。因爲沒有較高的權力能阻止或取消一個承諾的義務。他們的判決，不論是公平與否，都必得保留。

締結和平的告誡

在這裡，我希望可作一結束。我雖沒有說出了所欲說的一切，但我所已說的，足爲一基礎，別人可以在其上建立一更莊嚴的建築。我絕不會嫉妒他，反而是感激他。但在我與讀者告別之前，正如我在前面討論發動戰爭之意圖時，我勸說所有的人都要盡其力量以阻止戰爭，所以，現在要再說出少許忠告，這些忠告對於征戰時與戰後之保持信心與和平，也許有點用處。暴力是野蠻的，在戰時尤爲顯著。

所以，我們必更小心以人道調節戰爭。唯恐我們太過模仿野獸的樣子，就絕對把人給忘了。

以宥恕侵犯者、損失，與耗費，買得安全的和平，代價是不會太貴的；尤其是在我們的「主」將和平賜予的基督徒之間。既已締結和平，不論條件爲何，我們必須嚴格遵守，這是因爲那種神聖的義務是與我們的信仰相連的。我們不只要小心謹慎，切勿背信，但也不因任何緣故而讓感情流於偏激。西塞羅（Cicero）論及私人友誼的話，對於公眾友誼也同樣適用。一切友誼的關係，都以極忠誠與榮譽遵守著，特別是那些從敵對透過調解而告恢復的友誼。

望「全能者」（只有祂能如此做）在信基督教的執政者心中，刻上這些格言！望「神」也賜給他們以一個心智，能理解「神」的和人的法律，並且抱著他們是以牧者身分被委以治理人——人都是「神」所造的，是「神」所愛惜的。

第十章　方法論——笛卡兒

荷耐・笛卡兒（René Descartes）的哲學之出發點是疑；但並不是懷疑主義。他看到了伽利略（Galileo）的遭遇，他在一六三三年已寫成的《世界》（*The world*），終其一生不敢發表。他的《方法論》（*Discourse on Method*）發表於一六三七年。在一六四一年，他發表其《第一哲學的沉思》（*Meditationes de Prima Philosophia*），而他對於道德的討論，則見於《哲學原理》（*Principia Philosophiae*）與《論靈魂的感情》（*Traite des Passions de L'ame*）。笛卡兒高居數學家學派的領頭人，將文藝復興時代的數學和現代數學作品連結起來，解析幾何就是他所發明的，見於他的《幾何學》（*Geometry*）。這本《方法論》是近代哲學史一個界碑。

〔笛卡兒生於一五九六年，死於一六五〇年，被尊爲「近代哲學之父」。《方法論》可算是他的主要著作，此書已有彭基相的中譯本，商務印書館出版。〕

一、此書之目的

良好的感覺或理性，其分配定然比世界上任何事物還分配得好，因爲沒有一個人所要比他所已有的理性更多。這顯示所有人的理性本來就相等的。對此若意見紛歧，起於一個事實，我們的思想途徑不同，所考慮的並不是同一件事。只有良好的理解力是不夠的——還要其應用得當。

我的心智（mind）並不優於別人，但我幸而試試某些途徑，這些途徑引我達到某一方法，透過這方法可以就我知性的適當程度，與盡我所有的時間，逐漸擴展我的知識。我很高興在此書中，把我所循的途徑明白示出，並敘述我的生活，使大家都能對其下個評判；而經由說出他們的意見，還可提供我以別種改進的手段。

我的目的並不在於提出一種正確方法來，教每個人都必須跟著，使其理性都得到正確的指引；但只是要指明我是以什麼態度來經營我自己的。

我幼時就受文學之薰陶，但當我已修畢習俗的學程時，我發覺我自己被許多的疑惑與錯誤所困，除了觀察到愈來愈多的無知之外，是收獲不到什麼益處的。可是，我所入的學校是歐洲最有名聲的學校，在同學中間我也並不比他們遜色，已有若干同學接替我們教師的位置了；而我們的時代，在良好智能的成果上也並不比前代稍遜。

我雖依舊尊重學校的功課，然我開始想，我研究語言所費的時間已足夠了，花在古代的書籍、它們的故事與寓言上的時間也夠了；因爲如果一個人在國外旅行的時間太多，他在自己的國內會成爲一個陌生人的；所以，一個人對於過去的事情太著迷，就常會不知道他自己時代所發生的事情。我對於雄辯很重視，我也很愛詩，我喜歡數學，但我並不知它有什麼眞正的用處。

我尊敬我們的神學，但到天國之路，既然對於不論有知識的人或無知的人都是開放的，而且導至天國之啓示的眞理，不是我們的理解力所能及的。我不敢用我們孱弱的推理去處理它們。

在哲學中，眞理無一不引起爭辯，所以，無一不是可疑的；別的科學，都從哲學借得它們的原理。

所以，我完全捨棄文學的研究，用我所剩餘的青年時間遊歷各地，決定除了研究自己，或世界這本大書之外，不再學任何別的科學。

我所學得最好的教訓就是：對於我，只是從例子與習俗所學得的任何事物，都不要過分相信；如此一來，就逐漸擺脫許多錯誤，這些錯誤掩蔽了人性之光明，減弱我們聽從理性之能力。最後，有一天我決定以同樣的方法來研究我自巳，我以爲在這一方面的成就，是大於我如果沒有離開我的國家或我的書本的。

二、知的危機

在德國皇帝（裴迪南二世）登位之後，我首途前往加入其軍隊。我臥於一旅舍中，由於沒有別人談話的聲音，使我得自由沉醉於自己的思想。第一件想的事，就是，由不同人所完成的工作，不比由一人完成的完美。建築物、城市、國家，就是如此；因爲法律如果是爲應付各時的特殊事件而陸續制定的政體，一定沒有像在開始就遵循著一個高瞻遠矚的立法者所制成憲法的，那樣完善。這是極爲確定的，眞正宗教的所有地只聽從「上帝」，一定遠比接受任何其他的指導好。

再者，我想，在我們的童年時代，我們受制於我們的嗜慾與我們的教師，他們常相矛盾，不論哪一方面都不能常給我們以最好的建議。如果我們從生下來的時候就圓滿使用我們的理性，又不受別的任何事物之指引，我們的判斷一定是極純眞和極堅定的。可是，我們已幾近不可能達到這地步了。

所以，對於我已納入信仰中的那些意見，我以爲，正如一個人可以拆毀他自己的房屋而建立一間較好的那樣，我也能將較合理的意見移入，以取代不合理的意見，或者，我調整它們到理性的水準之後，再把它重新建立起來。

我比現在年輕時，曾研究邏輯、解析幾何，與代數。我發現邏輯是用以說明我們所已知的事物；幾何學與圖形的考量是離不開的，少了想像力就施展不開理解力；代數與特定定律及數目字是緊繫在一起的，成爲一紛亂的和晦澀的藝術，不是一種開拓心智的科學，反而是阻礙心智的。一個國家，如果只有少數的法律，但執行極嚴格，其治理一定是較完善的。同樣地，我相信有了下面這四條規則就已足夠了：

第一、不論任何事物，如我尙未清清楚楚認爲其是眞的，就不接受其爲眞——換一句話說，很小心地避免輕率與偏見，而納入我的意見之中的，只是那些在我心智中表現得極清楚明確，且不論在什麼情況，我都不會對它產生懷疑的事物。

第二、把我所要檢驗的困難，分爲許多部分，分得盡可能的細，並尋求其較好的解決。

第三、我運思時要有層次，從最簡單的對象入手，往後逐段登階，以至於最複雜的知識，甚至對那些本來是沒有前後次序的事物，也可以假定其有一種次序。

第四，不論在什麼地方，列舉要極完備，觀察要極廣泛，致確知是沒有什麼情事被遺漏。

我嚴格遵守這四條規則，使我具有解決綜合在幾何分析與代數中的許多問題之能耐，致在二三個月之中，有許多我從前以爲太難的，現在都能找到解決之道；不僅如此，在最後，那些新碰到的，我已能決定用什麼方法去解決它們，並知能解決到什麼程度。

所以，我自己以爲把我的系統應用在其他科學的難題，也可以得到同等的成功；但它們的原理既然都是借自哲學，而哲學我卻找不到其本身的原理，我想先要在哲學裡試行建立若干原理。在準備期間（我那時只有二十三歲），我必須把我心智中早前的錯誤意見剷除，並操作我的方法使我能確守它。

三、生活的規範

在這個時候，我須有生活的規範，正如在我建造新屋的時候，須有一居住的地方。生活的規範有下列的幾條準則：

第一、我遵守本國的法律與習慣，信奉我藉「神」之恩典，在我成長期間指引我的宗教，其餘的，則以最智慧的人其最不偏激的意見，爲我的指導。一切的承諾，如損及人身自由，我也視之爲偏激。因爲如果我因在某一時期贊同某事，往後就不得不固執其爲善，這是一個有背於情理的極嚴重的錯誤。

第二，當尙不能得到正確的意見的時候，即使可疑的意見還是不得不堅決遵守，正如一個旅遊者，迷失於森林之中，最好是直向前行，雖然行的方向是隨便定奪；因爲這樣，他雖不能精確達到他所要到的地方，但他總能達到一個地方，比困於森林中總是好得多。

第三，經常要努力征服我自己，而不是求財，且努力改變我的慾望，而不是改變世界的秩序，並力圖相信我們所有的能力，通常只有我們的思想，此外沒有別的情事是我們的能力所能完全操縱的。在古代有許多哲學家，他們能退出財富的支配，雖很貧苦，而追求他們的神之幸福，我相信，其祕密就在於此。

最後，觀察人類各式各樣的職業之後，我以爲莫善於保持我所已擇定的職業——每天藉其方法以發現我所認爲重要，而世界尚未知道的眞理，我是極爲滿足的。

我自己既確定這些準則，就與信仰的眞理合在一起；至於其餘的意見，我決定是可以自由放棄它們。所以，在九年之中，我往來於世界，不做一個執行者，而做一個旁觀者。九年過去，我才開始尋求任何較確定的哲學之基礎，以前我並不敢從事於現在我已成功完成的那種探索。

四、「我思，故我在」

我早就說過，在行爲方面，有時必要把那些知其並不確定的意見，當做毫無可疑而遵守之；但是，因爲現在我是要盡心去探求眞理，我就想必得做恰好相反的事，即，凡我以爲有丁點可疑的，都當做絕對謬誤的情事，而擯棄之。

因爲我們的感覺有時欺騙我們，所以，我假設任何事物都是來自想像。因爲我在推理上也和別人一樣常會犯錯誤，所以，我把從前所認爲論證的（demonstrative）理性都當做謬誤的而擯棄之。最後一點，我們醒時的一切思想，在睡時也會發生，因此，我決定假裝一切曾進入於我心智中的，僅和我夢中的幻想那樣眞實。

但當我這樣假裝一切的情事都是謬誤時，我觀察到，我，這個在想的人，必然是有的；因此，我就得到此眞理——「**我思，故我在**（實有）。」這是極其確定的，懷疑主義者的最狂妄的假設都不能搖動它。我判斷說，我可以毫不猶豫地接受它，把它作爲我所尋求的哲學的第一原理。我能假裝沒有世界，但我不能假裝我並不存在。我又判斷說我可以把「凡我們思考得極清楚和明確的，都是眞的」視爲一總則，唯一的困難是在於辨別出那些情事是我們思考得清楚的。

經過這一轉折揆諸事實，我既有所疑，所以，我的實有（在）並不是十分完善的（因爲我明瞭「知」比「疑」較完善），我遂想去探求，我曾從什麼地方學到，要思索比我自己更完善的事物；我很清楚地看出，這必定是來自實察較完善的某種天性。別的情事，如果它們是眞實的，我可以視之爲我天性的依附品；如果它們不是眞實的，它們也許是出自「無」——換句話說，它們之存在於我，是我有缺點之故。

但，「有一比我自己更完善的實有」這觀念，與上面所說的並不相同；因此從「無」求得這觀念，顯然是不可能的；因爲說「較爲完善的」是出於與依賴於「較不完善的」，是與說「有」出於「無」同樣不合的。我不能從我自己推求得它。

那麼，只能說它是由一個眞正比我更爲完善的，而且具有我所能形成一個一切完善這樣觀念的本性給我的——簡言之，就是由「神」所給予我的。我既知道有若干完善是我所不具備的，可知我並不是唯一的實有，一定是有別的實有，比我較完善，爲我所依賴的，且我所有的一切都是得自它的；因爲如果只有我單獨存在，而且是脫離一切其他而獨立的，我自己所有的雖很少，但我已參與在「完善的實有」。我就能取得那些我知道自己所缺乏的一切質性，而成爲無限的、永生的、不變的、無所不知、無所不能的——總之，凡我在「神」所能看到的完善都具備了。

從我自己提出幾何學者的主要題材，隨後再轉而檢驗我的「一個完善的實有」之觀念，我看出了在那觀念中可理會其存在，正如「一個三角形」的觀念是在「其諸角之總和爲二直角」這觀念中理會的。所以，「神」，這個「完善的實有」或存在，是與任何幾何的論證同樣確定的。

有許多的人以爲要認識「神」是很難的；這是歸因於學院派的準則，說只有那些先出之於感覺的情事才能理解，而「神」與靈魂之觀念，都為感覺所永不能及的。

一切其他的事物，甚至那些被人所視為用不著懷疑的事物，如，他有一軀體，都比不上「神」之存在那樣確定，也沒有任何理由，唯有預設「神」的存在，足以除去這類懷疑。跟著「神」的存在，我們的觀念或想法，是實在的事物，是出自於「神」，它們如果是清楚的和明確的，那就一定是眞的。如果它們含有虛妄，它們是紛亂的和模糊的，它們含有單純否定的成分；換一句話說，因為我們本身並不是十分完善的，故我們所見到的它們是混亂的，顯然不是出自於「神」，正如完善不是出自於空無。但是，我們可不知道，己身所有一切的實在與正直，都是出自於一個完善的與無限的實有，不管我們的觀念是如何清楚明確，我們沒有理由確認它們具有確定的完善——眞理。

理性指示我們說我們一切的觀念，都有一點眞理，因為「全善」與「全眞」的「神」是不會把全無眞理的觀念給我們的；而且，因為不論是醒時或睡時，我們的推理永不會十分明顯的或十分完全的，雖然有時在睡眠中，我們的想像是較活潑與確實；理性又指示我們說，我們的思想所會有的這些眞理，是在我們醒時的思想中，而不是在我們的夢中。

五、我為什麼不發表《世界》

我總是堅守我的決定，即除了那我用以論證「神」與靈之存在的原理之外，我不再臆設別的原理，除了比以前的哲學家的論證，更爲清楚的與明確的之外，我是不加以接受的；但是，我不僅找到令我滿意的方法，來解決哲學中所常討論的主要的困難，而且能說出「神」在人性中所建立的某些法則，「神」在我們的靈魂中植下關於這些人性法則的想法，我們對於世界的一切事情，都遵守著這些法則，是不能有所疑的。

我在《論世界，或論光明》這論文中，試闡明從這些法則所衍生的主要眞理。基於某種考慮使我不把它發表。我的論文在三年之前就已寫成，並已開始修改以備付印，我聽到有一些我所敬服的人不贊同某人（伽利略，在一六三三年被羅馬宗教審判所判決有罪）在不久之前所發表的物理學，我在他的意見中並找不到有損宗教的觀點。這使我想在我的意見中或許有錯誤的地方。

現在我相信，我應繼續把我所認爲重要的情事都寫出來，但絕不同意在我生前發表。因爲我對它們所可能引起的反對之經驗，絕了我希冀從其得到什麼利益。不論是友人或敵人，我都試過，但他們所提出的反對，很少爲我所未預先見到的；所以，我可以說，我未曾找到一個批評家，其嚴厲或細心不比我本人差的。

我借此機會，請求後人，除了我自己所發表的意見之外，有人告訴你們，我有別的主張，你們都不要相信。那些沒有著作遺留給我們的古代的哲學家，被派上許多的過失，我是毫不覺得驚訝的。他們都是他們那時代之最偉大的思想家，但被錯傳了。

我確知現在那些最信奉亞里斯多德的人物，他們如果對於大自然的知識能與亞氏一樣，即使在他們永不能得到再多一點的條件下，他們也自得其樂的。他們好像是常春藤，永不能高過那支撐著它的樹，甚至在達到最高點後再向下倒。至少，在我看來，他們仍不滿足於只了解亞氏所闡釋的一切，還要在他的著作中，找到他所沒有說到，或從沒有想到許多困難的解方。

可是，他們的思想方法對於那些中等心智的人是極方便的。因爲他們所使用的原理與辨別之含糊，使他們對一切事物都敢於發表其意見，好像他們是已知道似的，並堅持他們反對最精細的與巧妙的說辭，卻提不出任何方法可以說服他們。在我看來，他好像是盲人，他要與一個明眼的人相鬥，爲平等起見，請明眼的人偕他到洞穴的深處中去相鬥。

我可以說，我之不發表我所運用的哲學原理是對他們有利的；因爲這些哲學原理是極簡單和明顯的，如果把它們發表，就好比是在他們的暗洞中打開了窗，使光明進入洞中。但，如若他們想欲知道一點眞理，欲循著我的計劃去做，我在本書用不著多說，我已經說過的。

因爲如果他們有能力越出我所已完成的，最好是由他自己發現那些我自信已找到的；再者，他們先學習尋求易找的事物，然後再尋求較難的事物，那麼，他們如此而得的幫助，是大於得自我一切的教導。

但是，如果我在《折射光學》（*Dioptrics*）及《流星》（*Meteors*）（與《方法論》一同發表）的開端所說及的情事，因爲我稱之爲「臆設」，並且不想證明它們，而最初被冒犯到的讀者，請耐心點，把全書仔細讀，我希望他會滿意的。

我已決定用我所剩的時間以研究大自然，使我們能夠從這些大自然的知識得到比現在所有的更爲確定用於醫學的法則。我在此告訴大家，我對那些使我能安靜地享用我閑暇時間的人們，是比對那些給我世界上最尊貴職業的人，更爲感激的。

第十一章　利維坦（強大的君主國家）

——霍布士

〈強大的君主國家〉（《利維坦》）（*Leviathan*）是政治學史中的一部重要著作。湯姆斯・霍布士（Thomas Hobbes）最偉大又最爲人熟知的著作，實際上是受政治動盪的影響而發展的。英格蘭曾爲他在一六三七年的返國而沸騰。他將原理置於紛爭之下，他一方面反對「神權說」，一方面又反對國會派所據以運作的原理。在往後的歲月他致力於建構政治成一門科學，並於一六五一年發表本書，又名《教會或公民國家的本質、形式和權力》（*The Matter, Form and Power of a Commonwealth, Ecclesiastical and Civil*）。他這部著作，是那時代「社會契約說」最明確的論述。到了盧梭的手，「社會契約說」完全換了一個樣子。

〔霍布士是十七世紀的英國的一位政治學家和哲學家，生於一五八八年，死於一六七九年。對於哲學、政治學有極大的貢獻。《利維坦》是他的主要著作，發表於一六五一年。此書已有朱敏章的中譯本，商務印書館出版。〕

一、人

大自然，「神」用以造世界與治世界的藝術；人類摹仿其方式，製出一個人造的動物。以藝術創造一巨大的利維坦（Leviathan），稱之爲共和國或國家，它只是人造的人，主權是人造的靈魂，賦予生命和動作；行政長官和其他官員是四肢；賞、罰是神經；和諧是健康；爭執是疾病；公約（pact）或契約（covenant）——諸部位最初是由公約聚集——好像是「神」在創造天地時的「命令」。

敘述這個人造的人，我要考慮下列諸點：第一，材料和製造者都是人；第二，怎樣製造；第三，什麼是基督教的國家；最後，什麼是黑暗的國家。

先論人，人的思想是單獨的，每一思想都是我們以外的一物體——稱爲對象——的質性（quality）或偶有性（accident）之表象。心智的概念，無一不是先由感覺器官所生的。感覺之起因是那壓迫著本來的器官之永存對象；並不是如學校所教我們的「生出一看得見或聽得到的物種」之事物。

想像是對象已移去後的意象之延續，當我們要表示意象消散時，我們稱之爲記憶；在睡眠中的，我們稱之爲夢。

一切的發明，最主要的是言辭、名稱、思想的記錄；這些是追憶的標記，或轉移的符號。在我們的主張中，眞理存在於名稱的正確排序。字是智者的籌碼，而是愚者的錢財。

推理就是字的序列之計算、加和減，得數就是結論。人如不從字的界說著手，結論就會陷於謬誤。所以，理性包含著言辭。

動物有兩類行動——一是生命的，一是自發的。人行動的發端，稱爲「企圖」（endeavour）。嗜好是趨向的行動，嫌棄是退避的行動。有一些是生而具有的，有一些是經驗的產物。一個人嗜好的對象，他稱之爲「善」；他嫌棄的對象，他稱之爲「惡」；不論是在於希望（美麗的與醜惡的），或在於結果（樂的、苦的），或爲手段（有用的、有害的）。感覺上的苦和樂是出於在場的對象，心智上的苦和樂出於預期。所以，「憐憫」（pity）是對於自己也會碰到同樣不幸之想像。

「深思」（deliberation）是連續的嗜好或嫌棄之總和，其結果就是對於某一特定事之爲或不爲。「意志」（will）是深思的最終嗜好。所以在眞理的探討中，意見是與嗜好相對應的，而最後的判斷，最終的嗜好，是與意志相適應的。

知識有兩種：一爲「事實」，一爲「從一主張到另一主張的結果」。前者只不過是感覺與記憶，是絕對的；後者稱爲科學，是有條件的。前者的記錄，稱爲歷史，自然的歷史或政治的歷史；後者的記錄，是在各門派哲學相應的著作中，自然哲學與政治哲學或政治學。自然哲學分爲許多派別，包括智力的與道德的科學。

權力是立即的手段（不管其得自何處），用以求得某種未來明顯的「善」。價值是對一個人權力之使用所給予的價格。稱譽一個人，就是承認他的權力；汙蔑一個人，就是貶損他的權力。一個人的政治地位就是國家對他所估定的價值。

舉止是人類有關共同和平及團結過活的那些質性。好權易引起爭鬥；其他的慾望，如好逸，或求知，使人傾向於遵從一共通的權力。受惠，或損人，如果超過所能回報或補償的，就會使我們厭恨那施惠者或被害者。

二、契約與主權

大自然造人是極平等的，人所生而具有的身體及心智上的官能是相等的，所以人不能在這方面的區別，聲稱其具有優勢。從這種平等，就引出達到我們目的之希望上的平等。所以，如果有兩個人都想要同樣的事物，而兩人又不能都享有，他們就變成敵人、想盡辦法破壞對方，彼此不能互信。人之相攻，第一是爲利益，第二是爲安全，第三是爲聲譽。

所以，當人類沒有一個共通的權力爲他們所畏懼時，他們是處於戰爭狀態的，每一個人互相抗衡。在這種戰爭狀態下，是沒有什麼對與錯，正義與不義之觀念的。或者在實際上普遍並沒有過這種情形；但我們現在在野蠻民族之間，以及各主權之相互關係中，還可以看到這種情形，在這種戰爭狀態下，理性提議出人類可以贊同的和平條款；那些條款也可稱之爲人性法則。

「人性」的權利是自衛的權利，「自由」就是行使權力而不受阻礙。「人性的法則」就是理性的告誡，禁止一個人做那些毀滅自己生命之行爲。在自然狀態中，每一個人對任何事物都有「權利」。安全是只從這第一條根本法則得來的：「求和平而遵守之」與「我們用盡一切的手段以保衛我們自己」。

第二條法則：「捨棄對一切事物的權利，我們只對他人要求，我們所讓與他人的。」這種權利既已放棄或讓渡；如取消它，就是不義。但自發行爲之目的，既然是爲自己的利益，這種放棄，如果對於自己是不利的，就爲無效的；因爲一個人不能放棄自衛權。

權利之讓渡若不是互相的，就成爲無償（免費）的贈品；如果是互相的，就成爲約定。如這並不是同時的，就要有一契約或公約。這契約只有在其制定之後，有新的事實發生，方才成爲無效。契約如不以武力保衛一己不受武力之侵害，這契約**本身**就無效。

第三條法則是：「執行其契約的人就是制定契約的」，如不執行，契約是虛有其表，戰爭狀態依然繼續著。「不義」的定義是「不執行契約」。契約要有效，一定要有一個權力以懲罰來強制執行；這即是說，要有一個國家。對一個人所施的行爲，如合乎他自己的意志的，就表明行爲人對於他是沒有損害的。

第四條法則是：「感恩」；一個人接受免費的贈品，盡力使那贈者不因此而受損失。第五條法則是「和婉」（complaisance）——每一個人都努力使與別人調解。別人如犯過後已悔改，就要饒恕他；受懲罰也不報復；凡不能平均分配的，就共同享有，如不能，就以抽籤方法分派之。

人，或是自然的與實在的，或是虛擬的與人造的，這即是說，代表別人或代表別物：如教會、醫院、橋梁。當代表者從那被代表者取得其權力時，我們稱前者爲「執行人」，稱後者爲「發起人」。一個人可以人爲地代表一群人。

在自然狀態下的人們可以一致同意；但並沒有保障，除非有一個權力來強制執行契約。要創造這種權力，只有他們一致同意將其權力交給一個人或一個議會，這樣的個人或議會之一切行爲，與他們每一個人的行爲有等同的權力，而他們每一個人的個人意志是要服從那個人或議會的。如此團結於一個人的人群，就是一個國家。這就是利維坦或凡人的神之產生，它是位於永生的「神」之下的；我們從祂得到了和平與保護。

誰掌握這號人物就叫「主權者」（sovereign），除了他以外一切人都是他的「臣民」。這主權者權力之取得，或是由自然的武力——即「奪取」、或由自願的「設立」。

他們如已以契約設立了一個國家，如沒有得到主權者之准許，就不能再訂立與以前相矛盾的契約，因爲這是破壞他們相互訂立的契約。在主權者這方面，是並沒契約的，所以，主權者不履行契約，並不能作爲廢棄已定的契約之正當理由。主權者待其臣民是不能有什麼不義的，因爲其領有他們的權力，其對他們的行爲是出自他們自己的意志；所以他們也不能懲罰主權者。

主權者之設立既爲和平與保護，戰爭與和平之手段是歸其節制的，意見之有助於和平或危及和平的，也由其判斷。他制定財產規則，因爲在自然狀態下是沒有財產的；他有審判權；他有權與他國宣戰媾和；他有權選擇宣戰與媾和的顧問人物；他有依據其所定的法律而行使賞罰之權，也有頒授爵位之權。但是，如果他把任何一種這些權力賜給他人，他的賜予是無效的。

主權（sovereignty）或者是在於一人、或者是在有限制人數的議會、或者是在於全體的議會——即君主政治、貴族政治、與民主政治；只有這三種形態，雖有時因討厭它們而用別的名稱。不論在哪一種形態，主權者——不論是一位君主或一議會——之權力是絕對的。他是國家之代表，並不是被選出的請願代表。

這三種形態，其不同的地方，不在於主權者之權力，而在於他們的利益。在君主政治中，主權者的個人利益一定要與整個國家的利益相一致；其一致程度遠大於在貴族政治或民主政治。一個議會是不能祕密有顧問；君主政治有一優點，就是，只有一個意志，而不是許多互相衝突的意志。混合各種形態的政府，是沒有的，例如，一個由選舉出來的「國王」並不是一位主權者，而只是一位大臣。

人們服從所設立的主權者，因爲他們互相畏懼；服從於承接的主權，因爲畏懼主權者。承接的主權或統治權是來自血統繁衍（世襲），或來自於征服。但是，一個家族並不能成爲一個國家，除非那家族是極大到，戰爭所不能剷除的。承接的主權是絕對的，其理由同於設立的主權。

三、自然的國家

自由是行動不受阻礙。它與「畏懼」是相合的，也與「必要」相合的。因爲一有自發的行爲必有一個原因，而這原因是一連串原因之一環，最終到達「第一原因」——即「神」。但人創造了人爲的阻礙或束縛，稱之爲法律。只在主權者所置諸不問的情事中，臣民才有自由；因爲主權者有權力可以照其自己的意志統制一切，甚至臣民的生與死。羅馬與雅典所稱頌的自由，是國家對於別國的自由。

如果主權者的命令違背了「生存權是不能廢棄的，除非是如兵士爲了保衛國家的生存而危及自己。」這法律，臣民是有自由可不服從的。當主權者的權力是用以保護臣民時，臣民就有服從之義務；他之所以被奉爲主權者，目的就爲了保護臣民。

制度體系，是許多人爲某一利益而結合。政治的，是由法律設立的；個人的，有的爲法律所許可，有的爲法律所禁止。一切，除了國家之外，都是隸屬於國家之下，不具主權的特性。統治機關的權利，只限於法律所明定認可的，或由一般規定、或由特別規定。國家中的各制度，對應於人身中的肌肉。

國家的養料，是其商品或生產品，其分配應依主權者的意志而定，不論是土地分配或商品的分配，在國內交易或與外國交易。

一國的衍生物（或兒童）是它的「栽培地」（plantation）或「殖民地」（colony），可自成爲另一國，如兒童得到解放，或依然爲國之一部。

民法，是任何國家的成員所必須遵守的法律。主權者是唯一的立法者，他用不著服從他所能隨意廢止的法律。民法是人性法則，以國家命令表示，或以主權者之意志如斯表示。凡非人性法則的，就必須公開頒布。人性法與成文法都需要詮釋，由主權者所任命的法官之判詞詮釋之。

有破壞法律之意是罪過（sin）。實際違犯法律是犯罪（crime）。違背人性法則，不論在什麼地方，都是罪過，但只在違背了國家的法律時才算是犯罪。不識法律，而其不識是無可避免的，那麼，違犯那法律是完全無罪的。但是，因不留心而不識，並不算是無可避免。面臨死亡的恐怖，或主權者的命令，可作爲完全無罪的藉口。有許多的事態可作爲酌量減輕的理由。

懲罰是一種「惡」。公共權力因一個人做了或忘記做了，被這同一權力認爲屬違法的事，而對其施加懲罰，以使人的意志較易於服從。這種懲罰權，人民並沒有把它交給主權者，因爲他們不能捨棄對抗暴力的自衛權。但從前凡大家曾有的自然權利去傷害別人，現已由契約只交給主權者，也因其他人一致捨棄而有所增強。

人的科罰是「身體的」、或「金錢的」、或「凌辱」、或「監禁」、或「放逐」，或數者混合。身體的刑罰是斬首，再加以折磨或不加，與比斬首爲輕的。金錢的刑罰，不單是奪去其金錢，也可奪去其土地或其他可賣的物品；但如果這種剝奪是用以補償被損害人的損失的，實在並不算是眞正懲罰。監禁，如果只是扣留那被告，並不是懲罰。放逐，除非是連帶奪取其財產，與其說它是懲罰，不如說它是一種命令、或容其逃避懲罰之許可。

一個國家的毛病之發生——由於在始創時，主權者沒有充分的權力；也由於類如這樣的教條：說每一個人是他自己行爲屬「善」或「惡」之判官，如他背著其「良心」而服從國家是罪過；說主權者是受民法約束的；說私有財產不歸國家權利管；說主權者的權力是可以分割的，這是那些教條中最壞的一種；及由於別的原因，如吝於負擔戰費、壟斷、臣民或團體勢力太大、永不滿足的領土野心。但是，一國如被人征服，國家就解體了。

主權者的義務，第一是不放棄任何他的權力，第二是須使它們爲眾所知，是爲了什麼目的，以及對它的理解，必須給以人民正當的指導。再者，他對人民全體的待遇是正義的，徵收的租稅是平等的，制定良好的法律（我不說公正的，而說良好的，因爲沒有法律能爲不公的），並選擇良好的顧問。

臣民對於主權者的一切命令，除了那些違背「神」的定律之外，都要服從。所以，在這裡還必須說及「神」國，信「神」的都是「神」國的人民。「神」之頒布定律，或由自然的理性，或由啓示，或由先知的說話。祂一定是一個主權者，因爲祂是無所不能的。

四、基督教國

「神」之藉先知傳布其意旨，有兩表徵：第一，先知做了奇蹟的事；第二，先知所誨人的只是那已成立的宗教。這兩者是一定相連的。如果奇蹟的事已終止，就表明「神」已不由先知傳布其意旨了。

但祂已在《聖經》——即在規定教會準繩的那些書——中展現祂自己了，他們的權力是得自於政治的主權，抑或是得自於一切主權者所歸屬之普世教會——這是另外一個問題。可是我們從聖經可以看出，在那裡所說的「神」之國是一個政治國家，基督所統治的「神」國，曾被希伯來人的反叛及掃羅（Saul）的選舉所中斷過。

教會，有許多的解說，但只在一種意義上，可以視它為一個具有決定命令，或進行任何事情的人。依照這種解說，我定義教會為「一群相信基督教的人，在一個主權者之下團結起來，他們必須在主權者之命令下集會，否則不聚集。」在任何禁止教會集合的國家中，教會的議會自是不合法的。

好幾個王侯領土與國家中都有基督教徒；但每一個基督教徒都隸屬於各人的國家，所以，他不能再受任何別人的指揮。因此不能有這種所有人都必須服從的普世教會。

最原始與亞伯拉罕（Abraham）所立的契約，給他絕對的權利，每一主權者都承襲得這種權利，不論哪一個臣民，如若他以個人觀點宣稱，支持任何亞伯拉罕所禁止的教條，都要予以處罰。這契約建立了那個「神」國，被掃羅的俗國所中斷。「基督」之降臨是要以新的契約恢復神國，那個神國是在另一世界，是在復活後的世界，祂把教會的權力遺留給使徒，但顯然不是世上的強制性權力，因爲「基督」自己的權力在世上也不是強制性。

所以，「基督」之降臨，並沒有取去政治主權者的任何權力，如若他們把其臣民在宗教上的事務委給教皇管理，教皇之職權並非在政治主權者之上，而是出自主權者的權威。

但是，論及「神」的定律與主權者的民法之衝突，「神」的定律是爲得救所必要的，不論如何是不能違背的。那些爲得救所必要的定律，在意志上可概括爲：必服從「神」的定律與信「耶穌」爲「基督」。可是，主權者的法令是否違反「神」的定律，他所主張的教條是否與信「耶穌」爲「基督」之信仰相合，並不是私人所能判定的。

在聖經中，曾說及另一種權力，撒旦（魔鬼）——空氣權力的王侯——之國，那是欺騙者的同盟，要在現世中奪得對人的支配權，企圖以黑暗與謬誤的教條，來撲滅人類中人性的光明與福音的光明，使他們不配爲將來「神」國的人民。

這種黑暗之實施，最初是濫用聖經之光明，使我們不了解他們；第二，介紹異教詩人的鬼神學；第三，把宗教的種種殘餘物，以及許多希臘人謬誤的哲學，與聖經混雜起來；第四，把這些僞的或不確實的傳說，及杜撰的或不確實的歷史，予以混雜。

第十二章　倫理學——斯賓諾莎

〈倫理學〉因其性質和目的受困於謠言，在斯賓諾莎（Earuch de Spinoza）生前都沒印行。當一六七七年問世時，曾被荷蘭和西弗萊斯蘭（West Friesland）查禁。斯賓諾莎的體系是以一系列的公理來延展，且無疑是受到笛卡兒和布魯諾（Bruno）兩者的影響，可算是一種複雜型「泛神論」。說斯賓諾莎是一位無神論者，是不對的，因爲他所承認的兩種實物本體的形式，都依於終極的本質——即「神」。他的倫理訓辭同樣也是易遭誤解。「一項事物之爲『善』因是被需要，不是因『善』而被需要」，這個教條當被膚淺的詮釋，就成爲確確實實的顛覆言論。

〔斯賓諾莎是近代哲學大家之一，生於一六三二年，死於一六七七年。此書爲其主要著作，印行於一六七七年。已有伍光建的中譯本，商務印書館出版。〕

一、論神

「神」，絕對是無限的「實有」，這即是說，由無限的屬性（attribute）所構成的實質（substance），每一屬性都表現永久的與無限的本質（essence）。如果不承認這種說法，以爲——如可能有此種想法——「神」並不存在。那麼，祂的本質也不存在；但這是謬誤的。所以「神」是必然存在的。

「神」絕對是始因。祂只循祂自己本性的定律而行動，並不受任何人的脅迫。因爲，除祂自己之外，不能再有什麼可以決定祂的行動的。所以，祂只是循祂自己本性的定律而行動；因此也只有「神」是自由的因。

「神」之全能一直是因永生而實在，且將實際上永恆。「神」的知性（intellect）是萬物之因，是萬物本質與萬物存在之因。因此，它是人類知性的本質與存在兩者之因，但這它之本質及存在，都與我們知性的本質及存在不同。「神」的意志與人類的意志，在本質與存在上也是不同的。

意志不能說是一自由的因，只能說是一必要的因，意志只是思想的某種形態，一如知性。它需要有一因以決定其行動，所以不能說它是一自由的因，只是一必要的因。「神」之行動並不是出於意志的自由。因爲意志需要有一因來決定，以某種形式行動。

萬物不能由「神」造得，異於其所已成的那種樣子或次序。「神」造萬物是造得絕對完善的，因爲它們必然是依照祂絕對完善的本性。

在永生中，既沒有**當下**，也沒有**之前**，也沒有**之後**；「神」不能下令，他也永不會下令任何事物，除了祂曾在完善祂本性所下之外。因爲如若祂對於創造，曾有任何別的命令，祂就必然要有一知性與一意志，異於祂現有的知性與意志。如這一種臆設能成立，爲什麼祂現在不能更改祂對尚未完善的創造的命令呢？

萬物都依靠著「神」的權力；但「神」的意志，因爲祂的完善，不能異乎目前的這個樣子，所以，萬物不能有不同之組成。因爲不作如此假定，「神」就要受命運之支配；這是一種不値得反駁的謬見。

總之，「神」必然存在；祂是唯一的；祂是依祂本性之必然而行動；祂是萬物的自由因；萬物都依靠祂；萬物的宿命都由祂預定的。

二、論心智與身體

我現在討論，從永生的與無限的「神」之本質，所必然產生的那些事物。思想是「神」的屬性。個別的思想，是在一特定樣態中表示「神」的本性之方式。觀念的次序及連接，是與事物的次序及連接相符合；所以「神」的思維能力是等於祂的行動能力。存在於自然中的循環與一現存的循環之觀念，（「神」也有的）是同一的事物，由不同的屬性顯示出來的。

構成人心智的實在「實有」之最初事物，只不過是一個實際存在之個體的觀念。人的本質是由「神」的屬性的某種方式——即是說，思想的方式——所構成的。構成人心智的實有之最初事物就是觀念，必須爲實際存在的個別事物之觀念。所以人的心智是「神」的無限知性的一部分。

人心智的本性既由「神」所構成，那麼，萬物的知識也必然存在於「神」之中。人方會思考。思想方式，如愛、慾，或心智的情感無論如何指名，只有那所愛、所需的事物等觀念也存在於那同一個人的時候，方才存在的。雖思維（thinking）沒有別的方式存在，觀念還是可存在的。所以，人的本質，並不必然包含存在。

我們覺知身體是受某些方面影響的。我們所感到或覺知的，只是身體與思想方式，此外，就再沒有個別事物。

人的心智是觀念構成的，觀念的對象只是身；身是實際存在的延長之某種方式。因爲，如若身不是人心智的對象，就「神」創造我們的心智而言，身的情感觀念不存於「神」中，如是存在「神」之中，是就祂創造了他物的心智而言。

但我們具有身的情感觀念；所以構成人心智觀念的對象是實際存在的身。因此，人是由心智與身體構成的，身之存在是正如我們所覺知它的那個樣子。

所以，我們不單理解人的心智是與身體結合的，也理解心智身體的聯合是什麼。但如若我們不先具備關於身的適當知識，是不能充分理解它。身愈適於行動，心智也隨之愈適於知覺。身體愈能脫離別的身體而獨立，心智的理解也愈強。這樣，我們就能決定某一心智比別的心智優越。

人的心智並不了解人的身體之本身，也不了解人的身體，只有通過觀念與那影響及身的情感，方才存在。誠然，人的心智是人體的眞觀念或知識。這些觀念是在「神」之中的。思想是「神」的一屬性，所以，心智的思想必然來自於「神」。在「神」中的一切觀念，與屬於觀念的事物是相符的，所以，它們都是眞的。

謬妄來自知識之缺乏，導致觀念之混亂與駁雜；例如，他們自以爲他們是自由；持這種意見之理由是他們意識到他們的行爲，但不識決定這些行爲之因。沒有人知道意志是什麼，它在今天是怎樣運作的。那些反對這種意見的，發明了靈魂的所在地，常受人之嘲笑與憎惡。

身體與別的物體所共同具有的事物愈多，心智所能理解的事物也愈多。人的心智具有適當關於「神」永存與無限本質之知識。但人爲什麼不能對於上帝有極清楚的知識，如同他們之有共同的想法？其緣故是他們不能如他們之想像物體那樣想像「神」，並且因爲他們把「神」的名字與他們所常見到的事物的形象相連繫。這是他們所極難避免的，因爲他們不斷地受外界物體所影響。而且，大多數的錯誤是起於我們給事物以錯誤的名稱。

在心智中，沒有絕對自由的意志。心智之抉擇是由一因決定的，此因又爲另一因所決定，**如此一直類推下去**。意志與知性是同一回事。我們分有「神」的本性，所分有的大小，是與我們對「神」之理解程度，及我們的行爲適合「神」意志之程度，呈比例的。我們最高的幸福就在於這種一致性，我們的靈魂藉此才能得到安息。有些人希望由「德」獲得報酬，不把「德」與服侍「神」作爲我們的幸福與最高的自由；這些人離開對「德」的眞正估計，是離得太遠了。

三、論智力的情感

心智的動作，出自於那些單獨而適當的觀念；但情慾是依於那些單獨卻不適當的觀念。心智的本質是由適當的與不適當的觀念所構成的。

不論任何事物，可以偶然爲歡樂、憂愁，或慾望的因。我們愛某物或厭某物，也許不知什麼原因，只是出於同情或嫌棄。我們如討厭一物，凡我們認爲能帶來憂愁的一切情事，我們都確認和此有關；但凡我們認爲能帶來歡樂的一切情事，我們都否認和此有關。我們由此就可以看出，一個人是很容易對他自己與他所喜歡的對象太重視；反之，太輕視他所嫌棄的事物。

當一個人對他自己太重視，這種想像稱爲傲慢，是妄覺（delirium）的一種，因爲他是睜開眼睛在作夢，夢想說他能做，那些只在想像中可達到的一切事情，而視它們爲事實且樂在其中；因爲，他不能想像任何事物，既可排除它們的存在，又可限制他行動能力。

歡樂，是一個人從較小過渡到較大的完善；憂愁，是從較大過渡到較小的完善。我說過渡，因爲歡樂並不是完善本身。如果一個人生下來就擁有他所到達的完善，他就沒有歡樂的感覺了——這在與歡樂正相反的憂愁之爲眞理，更加明顯。因爲，憂愁在於從較大往較小的完善之過程，並不是在於較小的完善之本身。這是沒有人能否認的。因一個人既享有任何完善，他就不能算悲了。

我們也不能說憂愁在於往較小的完善之過程，因爲匱乏是一無所有。但憂愁的感覺是實在的，所以只能到較小的完善之過程，——這即是說，行動的能力受限制或趨減的現實。至於快活、愉悅的興奮、憂鬱，或悲哀之定義，我略而不說，因爲它們與心智的連繫，並不如其與身的連繫那麼密切，而且，它們只不過是歡樂與憂愁之不同的種類。

愛是歡樂，隨有一外界的因之觀念。憎是憂愁，也隨有一外界的因之觀念。專注是對我們所欽慕和驚嘆的對象之愛。嘲笑，是歡樂出自於想像我們所憎的對象中，具有我們所輕視的情事。希望是一不持久的歡樂，出自於未來或過去對某種事物之出現存疑的觀念。恐懼是一不持久的憂愁，其發生情形如上。

自信是歡樂，出自於對未來或過去某種事物，因其致疑的原因已去除的觀念。失望是憂愁，其成因如上。自信生自希望，失望生自恐懼。自負是從自戀而太高估我們自己。消沉是因憂愁而太低估我們自己。

四、論人類的束縛與人類的自由

對我們有用的就是「善」，阻礙我們擁有「善」的就是「惡」。但「善」與「惡」並不是肯定的用辭，只是我們將某一事物來與另一事物比較，所用的思想方式。如，音樂對於憂鬱的心智是好的，對於悲哀的心智是壞的，但對於聾的人非好也非壞。我們之蒙受苦痛，因爲我們是自然的一部分。我們所藉以維護我們的實有之能力，是「神」的能力，那是「神」的本質的一部分。但人受情慾之支配，因爲他依循人性的指令。

一個情感只能用另一個較強的情感去克服它。凡有助於保護我們的存在的，我們稱之爲「善」；凡有害於保護我們的存在的，我們稱之爲「惡」。慾望出自「善」與「惡」的知識，能被那激動我們之情感所生的慾望所遏制。這樣，外界的因，對於心智的影響，會比「善」與「惡」的知識大得許多。從「善」與「惡」的知識所生的慾望，很容易被目前對象的慾望所遏制。意見比理性有較強的影響。所以，有一位詩人說：「我讚許較善的，但依從較壞的。」

從歡樂所生的慾望，壓過那從憂愁所生的慾望。人對於人是有用的，因爲兩個本性相同的人當產生共鳴，是比單一個人來得強的。人如對於每樣事情都抱相同的見解，如同構成一個唯一的心智與身體，大家都求大家的「善」，那麼，對於人類是沒有哪樣事比這更好的。所以，人遵從理性的指令而行，不求自己的私利而求全體的幸福；這就使他們成爲公正的、忠誠的、高尚的人。

「神」的知識，是最高的智力之「善」；認識「神」，是最高的智力之「德」。因爲「神」是悟性的最高主體，所以，了解「神」或認識「神」是最高的智力之德。但就我們而言，有些事情除非與我們有共通之處，是無所謂「善」與「惡」的。一個對象，如若其本性與我們自己是絕對無關係的，那麼，它對我們不能說是爲「善」或爲「惡」；因爲這個緣故，我們只當它爲歡樂或憂愁的因時，這即是說，當它增加或減少我們的行動能力時，才稱它爲「善」或爲「惡」。

除了那與我們的本性相和諧之外，沒有什麼可視爲「善」；除了那與我們的本性相矛盾之外，也沒有什麼可視爲「惡」。但當人們受情慾之支配時，不能說與本性是一致的。只當我們依理性之指令而行事時，我們與別人的本性才能一致。人們如互相受制於理性的法則，他們對於別人都是最有用的。

人很少孤獨過活，一般都是符合人是群居動物的熟悉描述，因爲他們知道群居生活利多於弊。他們由經驗知道，藉互助與合作，他們較易確保他們所需。

一個求「德」的人，也祈望別人如此，這種祈望是隨他對「神」的知識之增加而增加。這是與理性相符的，理性是心智依循其本質的活動，其本質是知識，這包含對「神」的知識。心智的本質愈潛心於對「神」的知識，他愈祈望別人追求與他所追求的相同的「德」。

第十三章　人類悟性論——洛克

此書發表於一六九〇年，到一七〇〇年已印了二十版。這是一本三十萬言的著作，著者是花了十七年的功夫才寫成的。此書的目的，據約翰．洛克（John Locke）解釋是要探討「人類知識的來源、範圍，與確實性，以及信仰、意見，與同意的根據和程度」。在此書隨處都可以看出著者的雅量，和其對於眞理之專誠，對業已證實的事實之全盤接受，以及對於情緒之不信任。

〔約翰．洛克生於一六三二年，死於一七〇四年，是十七世紀的一位哲學大師，《人類悟性論》（*An Essay Concerning Humman Understanding*）是他最主要的著作，也是近代哲學史上一部名著。此書已有鄧均吾的中譯本，辛墾書店出版。〕

一、單純觀念之性質

「觀念」這個用語，我想最好是作爲「悟性的對象」解，不論是幻象（phantasm）、想法（notion）、物種（species），或心智的任何狀態，凡用於思維的，我都稱之爲觀念。我們假定心智是一張無字的白紙——沒有任何觀念。人忙著在這張白紙上，塗滿大量各式各樣的無盡幻想，這是從什麼地方來的呢?我用一個詞回答這個問題——經驗。我們所有的知識，都以經驗爲根據，知識就從這經驗中自我導出。

不論是誰，讓他檢驗他自己的思想，仔細搜查他的悟性，然後請他告訴我，他所有原始的觀念，除了其感覺的對象之觀念，或把心智當做其思慮對象來進行觀察的觀念外，是否還有別的什麼東西。

影響我們的感覺之諸質性，雖攪合得不能分開也沒有隔閡，但它們經感覺而入於心智，所產生的觀念，卻顯然是簡單的、不混雜的。因爲視覺與觸覺雖然是同時從同一對象取得不同的觀念，可是如斯結合於同一主體中的諸簡單觀念，與從不同的感覺所得的觀念一樣可完全區分；一個人對一塊冰所感覺到的「冷」與「硬」，是他心智兩個分別的觀念，與百合花的「香」與「白」同樣是明顯有別的觀念。在心智中，彼此各不相混，只有一個一律的樣貌（或概念）不是可辨別的不同觀念。

悟性一旦聚積了這些簡單的觀念，它就有能力重複它們、比較它們，並將它們結合成幾乎是無限的不同形態，所以能隨意構成新的複雜觀念。但，不論任何精巧的機智或擴大的悟性，不能以任何思想的機敏或多樣性，在心智發明或構成一個新的簡單的觀念，也不能毀滅已在心智中的簡單觀念。如果有一個人能幻想出一種他從沒有嘗過的滋味，或構築一種他從沒有嗅過的氣味之觀念，那麼，我也就要承認盲者具有顏色的觀念，聾者具有眞實能辨聲音的想法了。

有一些觀念是只經由某一種特別適於接收它之感官，而進入於心智，如：光與色是只經由眼睛而入、各樣的聲音是只經由耳朵而入、滋味與氣味是只經由鼻與顎而入。最大量被歸於觸覺的是熱、冷，與體積——那是屬於身體的觀念，我們由此而知占有空間的身體。

幾種感覺的簡單觀念，是空間或外延（extension）、形狀、靜止與移動這些觀念，因爲它們讓視覺或觸覺有可以感知的印象，我們能從視、觸而感受物體的外延、形狀、靜止與移動的觀念，並把這些觀念傳入我們心智。

心智從外界接受上面所說的那些觀念。當它要向內研究它自己，和觀察它對那些觀念所生的行爲，它就由之取得另一些觀念，它們也與那些得自外物的觀念同樣可以作爲其思索的對象。

心智兩種主要的大行爲是：知覺或思維，與立意或意志。這兩種行爲是我們所最常討論的，大家只要願意，自身就可注意到的。思維的能力，稱爲悟性；立意的能力，稱爲意志。這兩種心智的能力或本事，是稱作官能。這些思慮（reflection）的單純觀念的模式是追憶、辨別、推理、判斷、知識、信仰。

再者，我們睿智的「創造主」，在若干對象與我們從這些對象所得的觀念，以及我們的若干想法，賜以樂趣，對若干對象在若干程度內，使祂所賦予我們的官能，不至於完全沒有被使用。苦也與樂一樣讓我們有工作之效力和用處，我們運用我們的官能以求樂，也運用此官能以避苦。

每一外界的對象與每一內在的觀念，都向悟性提示「存在」（existence）與「一貫」（unity）這兩個觀念。「能力」（power）是我們從感覺與思慮所得的另一個單純觀念；此外還有「連續」（succession）。

切不要以爲人這寬廣的心智在這範圍內就算詳述，其範圍未免太小；其實，它有時飛得比星球還遠，不能把它侷限於世界內，它常延伸其思想，越出物體最大的擴張限度而遨遊於不可理解的太虛。也不要以爲這區區幾個單純觀念，就足以驅使最機敏的思想或最大的能力，是希奇的；如果我們一想到用二十四個字母，其不同的組合可造出多少字來，就不覺有什麼希奇了。如再進一步，細想只用前面所說的觀念之一種——即，數字，其不同的組合，其庫存是無盡；那麼，我們就更用不著覺得奇怪。單是「外延」就給數學家一個浩大無垠的領域了！

二、產生質性的觀念

這能在我們的心智產生任何觀念之能力，我稱之爲能力所在之主體的質性。第一，質性完全不能離開身體，正如不論身體處在何種狀態，總不能離開身體；這些，我稱之爲原始的質性（original qualities）或第一質性（primary qualities）。它們能在我們中產生單純觀念，即，體積、外延、形狀、靜止或移動，與數字。

第二，質性在對象本身實爲無物，只是能藉其第一屬性，即由它們感覺不到的那部分的體積、形狀、結構與移動——在我們中產生各種感覺；這些就是第二質性（secondary qualities），如：色、聲、味等。很容易得到這個結論：身體第一質性的觀念是它們的類似物，但那些由第二質性在我們中所產生的觀念，完全與它們沒有類似的地方。

如若有人以爲我們與火保持一段距離，它給我們產生溫暖的感覺，我們再靠近火，它給我們產生的感覺是痛，所生感覺雖極不相同，然是由同一火所生的；請他自己細想，火給他產生溫暖之觀念，確實是在於火，而同一的火以同樣方式給他產生痛之觀念，並不在於火，有什麼理由呢？一部分火或雪的特殊體積、數量、形狀，與移動，是確實存在於它們之中的，不管是否有人的感官，覺知它們與否；所以，它們可稱爲眞實的質性，因爲它們實際是存在於這些物體之中的。但是，光、熱、白，或冷，並不實際存在於物體，正如疾病或痛苦並不存在於甘露蜜一樣。把它們的感覺拿開；不讓眼睛看見光或色，也不讓耳朵聽見聲音；不讓顎嘗味，也不讓鼻嗅味；一切的色、聲、滋味，與氣味，就都消失了，而回到它們的諸因——即體積、形狀，與移動這部分。

三、心智的各種官能

什麼是知覺？對於這個問題，大家思慮其本身在看、聽、觸、嘗、嗅、或思維時之所爲，比聽我的論述，更爲明白。

我們關於知覺，應更進一步思考，即我們從感覺所得的觀念。在成年人，常於不知不覺經由判斷而更改。

當我們把一個顏色一致的圓球，金黃的、雪白般白的，或黑玉般的，放在我們的眼前，印在我們心智中的觀念，是一個變動的平面圓形投影，隨著不同光度和亮度進入我們的眼睛。

但是，我們透過使用已習於感知，凸形的物體在我們所常現的表象是哪個樣子的、物體可感覺的形狀之差異在光的反射下而有的改變，藉由一種習慣所下的判斷，立即把形態變爲它們的諸因；所以，從那實際是許多影或色聚成形狀，當做形狀的外廓，構成爲一凸形的形狀與一致的色彩之知覺，其實我們從那所得到的觀念，只是一個色彩不同的平面，如圖畫那樣的明顯。

可見，知覺是我們智力官能的第一工作，是一切知識進入我們心智的入口。

心智所藉以向知識再進一步之第二種官能是「保有」（retention），或掌握那從感覺或思慮所得的那些單純觀念。保有的第一種方法，是掌握已進行若干時間的觀察而得的觀念，這稱爲「觀想」（contemplation）。第二種方法是，將已消失的印記或擱置的觀念，使它們再現於我們的心智；我們在對象已移開而想起熱或光、黃或甜，就是用這種方法保有的。這是記憶，是我們觀念的倉庫。

我們的心智還有一種官能值得注意，就是辨別力，辨別它所擁有的幾個觀念。只有一個對一般事物之混淆的知覺是不夠的。除非心智對各不同對象及其質性有一個清晰分明的知覺，即使物體對我們的影響是和它們現在一樣，且心智也繼續思維著，所能得到的知識是極有限的。

證據是依靠這種辨別官能的。即使是極普通的命題，已被承認爲「固有眞理」（innate truth）的，也要有些證據；因爲人忽略了，這些命題得到普遍承認之眞正原因，完全歸因於天生制式的印象；其實它是依靠著心智這種明顯辨別官能，藉此官能而知曉兩個觀念是相同的或相異的。

將一觀念與另一觀念相比較，這種心智的作用，是藉由大量觀念群落，包含在關聯性上起到作用。其次的作用是組成。心智藉此把若干的單純觀念結合成爲複雜觀念。

字詞是用以代表我們內在的觀念，與我們從特殊事物而得的觀念，如果我們所取得的每一特殊觀念，都要有一個區別的名稱，那麼，名稱一定是無窮的。爲要防止這個弊病，心智就讓從特殊的諸對象，所得的特殊的諸觀念，變成一般的，心智完成這工作之方法是，視它們如它們在心智那樣，這樣的表象與一切其他的存在分開，與實際存在的情況——如時間、地點、或任何其他相伴的觀念——分開。

這稱爲抽象作用。藉這種抽象作用，從特殊實有而得的觀念，變成爲所有同類實有的共通代表。這樣，今天從白堊或雪所看到的顏色，與昨天觀念從牛乳所接受的顏色，是同一顏色，它的表象使其成爲那一種類的全體的代表；既名之爲「白」，同一質性——不論是想像的或實際碰到的——就都以「白」表之。不論是共通的觀念或共通的用語，都是如此造成的。

心智之接受一切的單純觀念，是完全被動的；它本身又發揮自己的幾種作用，將這些單純觀念作爲材料與基礎，構成其他的觀念。我相信，如果我們觀察我們的想法的本原，即使是最深奧難懂的觀念，不論其與感官好像相距得多遠，或與我們心智的任何作用相離得多遠，就會發現都不過是，悟性把那些從感官的對象所得的觀念，或從自己對這些對象所生的作用而得的觀念，加以重複與連結而構成的；所以，連那些廣大與抽象的觀念也是得自感覺或思慮，只是這究爲，心智正常使用其自身的官能，來處理從感官的對象所得的觀念，或從觀察其對這些對象所生的作用，所能得到與已得到的觀念而已。這從我們對時間、空間，和無限，以及若干與這些原物相距得好像是極遠的觀念，就可以看出來。

四、我們對其他事物的存在之知識

我們之從外界實際取得觀念，使我們注意其他事物之存在，並使我們知道那在我們中產生觀念之某物，在那個時間確是存在於我們之外的，雖然我們也許並不知道或想到，它如何在我們中產生觀念。這雖沒有像我們本身直覺的知識那樣確實，也沒有像我們用理性的演繹，來處理我們自己心智顯明的抽象觀念那樣的確實，但還是配稱之爲知識。

那些知覺是由那些外界因素影響我們的感官而產生的；這是很明白的。其理由如下：

因爲那些缺乏任何感覺的器官之人，不能具有那些屬於那種感官的觀念在其心智。

因爲我有時不能避免那些觀念生於我的心智。因爲當我的眼睛閉攏，或窗門關上時，我能隨意在心智回憶起，以前的感覺所存於記憶中的光或太陽的觀念；所以，我能隨意擱置那個觀念，而想起玫瑰的觀念，或糖的滋味的觀念。但是，如若我在中午的時候，張開眼睛對著太陽，我就不能避免光或日在我心智中所產生的觀念。沒有一個人不知觀想的太陽（一如他記憶中的太陽觀念）與實際望著太陽之區別。他在冥想太陽時的知覺，與實際望著太陽時的知覺是截然不同的，他的觀念能辨別得比這更清楚的是很少的；所以，他確切知道它們並不只是他的記憶，或他心智或幻想的活動，但那實際看見的是有一個外界的因的。

此外有許多由痛苦而生的觀念，我們在後來雖再不遭受，還能記憶。

最後，我們的感官可以證明，他人有關我們周圍和外界可感覺到的事物其存在之報告，是眞實的。

第十四章　人類知識原理——柏克立

喬治・柏克立（George Berkeley）首度發表兩篇數學類的文章是在一七〇七年，後寫了《視覺的理論》（*Theory of Vision*）一七〇九年，和《人類知識原理》（*Principles of Human Knowledge*）一七一〇年。本書是起自笛卡兒形上學體系的系列著作中最有名氣之一，這套體系制定了現代哲學。柏克立被視作唯心論哲學的奠基者，以反對霍布士的實在論。很清楚，他是以柏拉圖式手法透過感覺認知的分析，展示外部世界確實是依靠精神才能完全存在。

〔喬治・柏克立生於一六八五年，死於一七五三年，是愛爾蘭的一位主教。此書，據譯者所知，尚沒有中譯本。〕

一、知覺的分析

不論何人，如果他梳理人類知識的對象，就可明顯看出它們或是實際印記在感官上的觀念，或是留意心智的情慾和作用而領會的觀念；或是，最後，藉記憶與想像所構成的觀念，把從上述方法所得的原有觀念加以混合、分割，或再現而成的。我由視覺、觸覺，與其他的感官，接收各種感覺；任何一組感覺，常彼此相伴的，遂被指爲一物。某一顏色、滋味、氣味、形狀，與硬度，我們一看到它們相連在一起，就視之爲一物，例如，一個蘋果。

但是，除了知識其無窮的各樣對象之外，尙有感知它們之「心智」（mind）、「精神」（spirit）、「靈魂」（soul），或「我自己」（myself）。不論是我們的思想、或我們的想像、甚或那組織知覺對象之感覺，都只能存在於那個感知它們之心智中。對象是爲心智而存在的，出了心智就不能存在；以爲它們不被感知而存在，那只是一個抽象。從此就可知道除了「精神」——或那感知者——之外，沒有別的實質（substance）。

有的人分質性爲第一質性與第二質性，並主張說第一質性如外延、形狀、移動，與體積，在「心智」外還存在的，是無思維的實質，他們稱之爲「材質」（matter）。但外延、形狀，與移動，不過是存於心智中的觀念，不論是這些觀念或其原型（archetypes），都不能存在於不感知的實質。

稱爲「材質」的這個想法，是包含有一個矛盾的。不僅第一質性與第二質性是相似的，而且「大」與「小」、「快」與「緩」、「外延」、「數」，甚至連「一貫」本身，它們都純是相對的，只存在於心智。「物質性實質」（material substance）的概念，其意義只可解作一般的「實有」（'being' in general）。

即使我們承認了唯物論者所主張的「外界的物體」（external bodies），他們也自認對於「觀念如何產生」並沒有知道得多些，因爲他們自己本身不能了解物體如何能對精神發生作用，或物體該如何能印記任何觀念於心智。

在我們心智中有觀念產生，顯然不能以此爲理由，就該假定具體的實質之存在；因爲大家都承認，不論是否有「物質性存在」之假定，同樣是不能解釋觀念的產生。簡而言之，若外界的物體是有的，我們不可能知道它；若外界的物體是無的，我們也有同樣的理由可以想其有，如現在所想那樣。

我們感知一連串觀念，有的會再激發、有的改變、有的完全消失。所以，這些觀念是有某「因」給它們做依靠，產生它們與改變它們的都是此「因」。此「因」須爲實質；但我們已證明具體的或物質性實質是沒有的。所以，觀念的「因」，只好是一無形的、主動的實質或精神。

精神是一單純的、不可分的、主動的實有；當它感知各種觀念，則稱爲「悟性」，當它產生或運用觀念，就稱爲「意志」。精神的本性是不能由其本身去認知它，只能由其所產生的結果去認知它。

感覺的觀念比想像的觀念較爲有力、生動與明晰；它們又穩定、有秩序與有條理，並且其刺激有一定的次第，這種可讚嘆的關聯，就足以證明它的「創造者」之智慧與仁愛了。我們所依賴的心智在我們體內刺激起感覺的觀念，其所設下的規範或定法，叫做「自然（人性）法則」。

我們從經驗學了這些，就得到了一種先見，使我們能規範我們的行動以適合生活。一般的說，這個或那個要達到的目的，就引出這種或那種的手段；我們之知道這一切，並不由於發現我們諸觀念之間的必然關聯，而只由於自然法則的觀察。

這恆常的制式作用，很明白的顯示出那掌管的精神——其意志制定了自然法則——其仁慈與智慧；但這並沒有帶領我們的思想到「祂」那裡，而反使我們的思想追求著第二「因」。因爲當我們感知某些感覺觀念常隨有別的觀念，我們知道這並不是我們自己的所爲，我們就把能力與作用歸於觀念本身，使一觀念成爲另一觀念的「因」；沒有比這更荒謬的。

二、懷疑論的根源

有幾個困難和晦澀的問題，許多人曾浪費了無數的思辨在這上面，但依照我們自己的原理，它們是完全不在哲學的範圍內。「具體的實質是否能思維？」「材質是否能無限分割？」「材質如何對精神發生作用？」——這一類的問題給各時代的哲學家無限的娛樂。但它們既然都以材質之存在爲根據，故在我們的原理中是沒有地位的。

由此，人類的知識或可減至兩類——觀念的知識與精神的知識。我們對前者的知識是極晦澀的，我們因假定感覺的對象有雙重存在，一是「可知的」，存於心智，一是「眞實的」，在心智之外；於是認爲不能思維的事物，自有其自然的存在，與精神所感知的截然不同；——這個假定使我們陷於極危險的錯誤。

這就是懷疑論的眞正根源。因爲人們既認爲眞實事物存在於心智之外，而他們的知識要與「眞實事物」相符合才是「眞實的」，他們就不能確定他們究竟是否有眞實的知識了。

一旦我們以爲不能思維的事物有別於其被感知的實有，是一眞實存在，我們就不單是不能知道，任何眞實不能思維的實有之本性，而且甚至也不能知道它存在。所以，我們就看到許多哲學家不信任他們的感覺，懷疑天堂與土地的存在，懷疑他們所看見的或感受到的一切。

但是，如果對於我們的字詞賦予一種意義，不玩弄「絕對的」、「外界的」、「存在」以及類似的辭彙，用其來表示我們所不知道的，那麼，這些給心智造成如此困擾和混雜的懷疑就完全消失了。我也能夠懷疑自己的存在，正如懷疑那些由感覺所感知的事物一樣；不能思維的實有之眞正存在，就在於它們之被感知。

假如以爲在這裡所說的話，最少有損於事物的眞實性，那是錯誤的。感覺所感知的不能思維的實有，存在於那些無外延、不可分割的實質——即精神——，而精神是倣效、判斷，與感知它們的。但哲學家們都很庸俗地主張，可感覺的質性是存在於一無活動力的、外延的、不會感知的實質，他們稱之爲「材質」，他們給予它一個自然的存在，有別於心智——不管是哪樣的心智，甚至連「造物主」永生的心智——所感知的。

我們已經證明了「材質」的教條是懷疑論的主要支柱，同樣的，一切的無神論與反宗教的無信仰體系也以它爲基礎。這一切奇異的系統，很明顯是必須以這個假設的物質性實質爲根據，這基石一經移去，整個的建築就定然傾覆了。

不單是宿命論（fatalism），連偶像崇拜（idolatry）也以此原理的各種形態爲依據。如果人們把日、月、星辰以及其他每一感覺的對象，都認爲只不過是他們心智的感覺，除了被感知，是沒有別的存在，他們就絕不至於墮落並崇拜他們自己的觀念，反而崇拜那創造萬物與維持萬物之「永生的不可見的心智」（Eterual Invisible Mind）。

正如一個有智慧的人讀書時，不花時間在文法的講究上，而注意其意義；所以，在讀透大自然這本大書時，如專注在規規矩矩將每一特殊的現象化約爲普遍規範，或顯示出它如何從特殊現象求得普遍規範，是降低了心智的尊嚴。我們應該對我們自己提出較高尚的視野，如重造與高揚「心智」，以探求大自然萬物的美麗、秩序、範圍與種類；再由適當的推理，擴大我們對於「造物主」的偉大、智慧，與仁愛之想法。

有人以爲我們之所以不知道精神的本性，是因爲我們沒有精神的觀念。但，這種觀念顯然是不可能有的。精神是唯一的實質，不能思維的實有（或觀念）只能存在於精神；但說這個維持或感知觀念之實質，自身也該爲一觀念，這顯然是謬誤的。

從這個意見，我們知道精神，要像我們知道觀念或知覺那樣，引發許多異端的主義與對靈魂的本性之懷疑。這個見解使若干人產生「他們到底是否有別於他們肉身的靈魂」之疑問，因爲他們不察覺他們有靈魂的觀念。

但，精神是眞實的事物，既不是一個觀念，也不像觀念。我之爲我，以「我」這個用語來表示，我們所指的意義，是靈魂或精神的實質；我們由自己的靈魂而知其他精神，在那種意義上，是其他精神的意象或觀念。

「靈魂的自然永生」，我們的意思是說，靈魂並不被普遍的自然法則或活動所打碎或瓦解。靈魂本身是不可分割的、無形的、不外延的，所以是不會損壞的。

三、我們對神的知識

雖然有若干事物使我們確信，人類的動因（agents）是牽涉在萬物的產生中的；但大家都明白知道，那些稱為大自然的作品之事物——這即是說，我們所感知的觀念或知覺之極大部分——並不是由人的意志所生產，也不是依靠著人的意志。所以，必定有別的精神造就它們，因為它們不能自己存在的。

如我們認眞考慮大自然萬物其恆常的規律、秩序，與連鎖，較大者其令人驚嘆的壯觀、美麗，與完善，較小者其精巧的設計，以及整體的精準和諧與相配——我說，如我們思及這一切事物，同時注意到其諸屬性的意義；永生的、無限智慧的、善的，或完美的，我們就很清楚地知道，它們是屬於上面所說的創造萬物的「精神」，它造就這一切的一切，且使萬物並存。

所以，「神」是和任何其他的心智或精神一樣，立即就可知且知道得確切的，是與我們自己截然不同的。我們甚至可以說，「神」的存在是比人的存在，還要明顯的被感受到，因為大自然的影響是比歸諸於人的動因多得無限，力量也大得無限。

有許多不去思維的芸芸眾生，似乎都以他們看不見「神」為普遍託辭。他們說，如果他們看見祂，像我們看見一個人一樣，我們就定然信祂存在，並且信仰祂，服從祂的命令。但我們只要張開我們的眼睛來看統治萬物之主，看得比看人還要清楚和全面。我們所看見的，不是一個「人」，如果「人」是指一個像我們一樣活著的、活動的、感知的，與思維的；而是一組觀念導引我們去想說，有一類乎我們自己之思想與活動的獨特原理，伴隨著它，並由它代表著。我們之看見「神」，也是如此。人之周圍有許多極清楚的「神」的顯示，但他們所見到的很少，好像他們因光太亮反而看不見。

第十五章　社會契約論——盧梭

《社會契約論》（*The Social Contract*）發表於一七二六年，因逃避法國政府的檢查，在阿姆斯特丹印行。本書是討論政治的文章中最具影響力之一部。這是一種置所有政府於，受被治者直接或隱含認同的努力。盧梭（Jean Jacques Rousseau）的理想國奠基在人類對自由的普世渴望，這只能靠一紙契約來確保，該契約是每人和所有全體訂下的，每人在契約下放棄其意志，又以全體之一部分收回。《社會契約論》在邏輯上充斥著令人瞠目結舌的瑕疵，且作爲一篇政治論文卻是一大篇立基於不實的前提之絕妙的夢幻論說，但它點燃了人類心智，是歷史最重大事件之一——法國大革命的文學啓發。

〔瓊恩・雅各・盧梭生於一七一二年，死於一七七八年。他是十八世紀的浪漫主義的文學家，也是民主主義的政治思想家。著作甚多，在文學方面的重要著作爲《懺悔錄》，在政治方面的重要著作爲《社會契約論》。

此書已有文言的中譯本，中華出版，馬君武譯，書名爲《盧騷民約論》。〕

一、契約的條款

我的目的是要發現在人民政體中，是否有正當的與明確的政府，將人視爲人，且法律理應如斯之準繩（canon），在此探索中，我始終努力把權利所許可的，與利益所指示的相調和，以避免正義與利益之衝突。

人，生下來是自由的；但不論在什麼地方，人都受束縛。他被統治，必須服從法律。什麼理由使服從政府合法化呢？我自以爲能解決這個問題。

這不僅是強制力的問題；強制力只是最強者的權力，當有一個更大的力量出現時就必須退讓；這不是權利的問題，只是強勢。但，社會的秩序是一項神聖的權利，它是其他一切的基礎。這權利並不從自然來的，是從契約來的。

社會的秩序，不能從家庭的約束找到它的說明，因爲兒童一長大，他就逃出了父母的監護；父母施行權威的權利是暫時的。政府也不能以奴役爲基礎。一位個人可以把他的自由賣給別人，換取生活之資；但一個民族國家不能出賣它的自由——它不能從統治者取得生活之資，反要維持統治者的生活。贈與權是一政治行動方案，以公眾的深思爲前提條件。在我們檢驗人民如何選擇國王的行動方案之前，要先檢驗人民如何成爲人民的方案。

我們假定，這障礙來自偏袒人類維持在自然狀態，人類長久以來盛行用抵抗方式應付武力，即各憑武力維持自己在自然狀態。現在，這種原始的狀況是不能再繼續下去；人類必須改變這種狀況，否則免不了滅亡。

人類在這些場合所碰到的問題或陳述如下：「找到一種結社的形態，以共同的力量來保護每一分子的身家和財產，每一分子雖與其他分子聯合在一起；但他只服從他自己，還是和從前一樣自由。」社會契約，足可解決這個問題。

契約的精要是：每一構成分子都把他所有的權利，全部毫無保留的交給作爲整體的社會。沒有一個人能保有其他個人同樣所無的權利，而不違背契約的。再者，每一分子是把他的權利交給社會，並不是交給個人，所以，在他與個別人的關係中，再取回他所犧牲的一切權利。

所以，契約可以化約爲下列的條文：「我們每一個人都把其身體與權力，共同接受普遍意志的最高的指揮，我們把每一成員都當做整體不可分割的一部分。」

此行動方案創造了一個道德的與集體的組織，由社會盡可能多有發言權的成員所構成，由此而得到了它的團結，它的共同的「我」，它的生命，與它的意志。這組織是共和國，其成員給它的名稱，被動時是叫做國家（state），主動時是叫做主權者（sovereign）。參加的分子，統稱為人民；身為主權者權利的參與者，他們是公民，他們又是臣民，因為他們有服從國家法律之義務。

人經由契約，從自然狀態達到公民狀態，在他的行為中，就以「正義」取代「本能」，且令他的行動具有前所未有的道德性。人們因訂契約而失去的，是他的自然自由，以及他對其他所欲的，與所能取到的一切無限制的權利；他所獲得的是公民的自由，與他一切所擁有的財產權。

我在結束這一章時，要說幾句話，作為整個社會制度的基礎。基本契約把自然的自由毀了，而以道德的與法律的平等，代替人與人之間自然肉體的不平等，所以，人的體力與才能雖是不平等，但契約與權利使他們一律平等。

二、主權者與法律

我們在上面所建立的原則，其最重要和第一個結果是：只有普遍意志能指揮國家的武力，以求達到其組織的目標——公共幸福。因為，如若特殊利益間的敵對使有建構政治社團之必要，是這些利益的一致，使這種社團有成立的可能。

我主張，主權既是普遍意志的運用，是不能割讓的；主權者只是一個集體的實有，除了其自身外不能由別人代表的；其權力或可讓渡，但其意志卻不能讓渡。

與主權不能割讓之理由相同，主權是不能分割的。因為意志或是普遍的，或不是普遍的。如果是普遍的，當其宣布時，是人民的行動方案，就成為法律，如果不是普遍的，當其宣布時，只是某一個人或若干人的行為，並不是主權者的行為。

法律是普遍意志的表達，其條文與意義必須為普遍的。主權者不能為組成國家的一部分個人之利益而立法，因為如果這樣做，普遍意志就與特殊的人民發生特殊的關係，這是與其性質相矛盾的。法律可以賜給特權，但切不可指明特權所歸的人群；可以建立一君主政府，但絕不能提名國王。任何與個別的對象發生牽連的功能，並不屬於立法權。

群眾大會的判斷常不具啓發性——雖然普遍意志，當適當地予以確定時，必然是對的——所以需要有一個智慧的立法者來起草法律，以供主權者的核准。

立法者如果眞正有智慧，不會著手時，就寫下那些在抽象上良好的法律，而先要觀察人民是否能遵守它們。他一定要顧及這許多考量，即：國家的處境、土壤的性質、人口的密度、國民的歷史、職業，與嗜好。

在這許多應加以考量的事情中，最重要的是國家的面積。正如大自然對一個正常人的身高給以一定的限制，出乎其限制的是巨人或侏儒，國家在一個方向上也有限制，太大則不能統治得好，太小則不能維持自己。每一政治組織都有一個最大武力的限度，不能超過；國家常因擴張它自己而致覆亡。社會的連帶關係愈擴張，就愈薄弱；就一般情形而言，一個小的國家，在比例上，是比一個大的國家來得強盛的。

誠然，一個國家須有一定廣度的領土，才能堅固並抵禦外來的暴力衝擊。但是，在另一方面，治理的困難是隨距離而增加；而且，在負擔程度上是呈乘數的增加。每一市、區和省，各有其行政機關；人民一定要負擔行政費。最後，比一切都重要的是：遠距的中央行政。

還有一點，大國的政府，辦事的效率與迅速，不及小國的政府。大國的人民之愛戴其首領、國家，和同胞，都比不上小國的，因爲他們大部分是彼此不認識的。各省的情形不同，不適於施行同一的法律；但在屬於同一國家的人民中施行不同的法律，卻生出許多弱點與紛亂。

一切「善」中最大的「善」，是每一立法制度體系都該以此爲其目標的。我們細加考察，可以將其化約爲兩個主要的目標——**自由與平等**；自由，因爲國家被取去太多令個人全從屬於他人的強制力；平等，因爲沒有平等就不能有自由。

三、政府

每一自由行動，有兩個產生因素：一是意志，決定那行動；一是權力，實行那行動。在政治組織中，我們必須區別這兩者——立法權與行政權。行政權不能屬於主權者，行政的行爲是針對個人而發的特殊行爲，所以，如前面解釋過，是在主權者之範圍外的。因此，公共的強制力需要有一執行者遵照普遍意志的指揮以運用它。

這就是政府。政府常被誤與主權者相混，政府只是主權者的僕役。政府是一個介乎臣民與主權者的相互溝通的中間機關，以執行法律，與維護公民和政治的自由。

構成政府的行政官員，其人數可多可少；就一般而論，行政人數愈少，政府愈強有力。一個官員有三種意志——他個人的意志、他作爲統治者之一員的意志、他身爲主權者之成員的意志。最後一種是最弱的，最先一種是最強的。

如若統治者只有一位，那兩種較強的意志集中於一人；統治者有少數幾位，它們就集中於這少數人；當政府是由公民執掌時，第二種的意志就被抹掉，第一種的意志就廣泛分配，結果，政府是軟弱的。

在另一方面，如政府有許多統治者，對於普遍意志之回應較爲敏捷。立法者的責任是要恰到好處的使政府既不軟弱無力，但對主權者又要適當服從。

首先，主權者可以把政府付託於人民全體，或大部分的人民，這種政體稱爲民主政治；也可以把政府付託於少數人，這種政體稱爲貴族政治；或者付託於一行政長官，其他一切人的權力都得自於他，這就稱爲君主政治。

我們可代表民主政治提出呼籲，制定法律的人要比別人更知，它們該如何詮釋與執行。但法律的制定者不該為法律的執行者，人民的主體也不該把其注意，從普遍的意見轉移至特殊的對象。沒有一件比以私人的利益左右公眾的事務更為危險的。一個眞正的民主政治，照其嚴格的意義解釋，是從沒有存在過的，並且在將來也永不會存在的。多數人統治而少數人被統治——這是反乎自然的。人民如果心中有「神」，他們會民主地管理自己的。

貴族政治有三種形態——自然的、選舉的，與世襲的。第一種只適於單一民族；第三種是一切政府中最壞的；第二種是最好的。用選舉的方法，廉潔、睿智，與經驗，是社會得良治之保證。

君主政治的第一個缺點是，君主為其利益計，使人民軟弱無力與窮乏，因而不能抗禦他的權力；還有一個缺點，就是，在君主政治中，榮耀的地位都被那些藉宮廷的下賤計謀而晉升的德不配位者與流氓所占。再者，選舉的君主政治，常為混亂之源，當國王逝世時，就會引起糾紛；世襲的君主政治，則君主的性格如何是聽天由命的，一般都是偏離正途的。

主權者既然是除了立法權之外沒有權力，它只依法而行；而法律既然不過是源自普遍意志的確實行為，那麼，主權者除了在集會時之外是不能有所作為的。所以，人民大會的會期該有確切的規定，不能撤消也不能延宕，使人民在那規定的日期就依法律合法地召集開會。

但有時在主權者的權威與專斷的政府之間，引進一個仲介的權力；我對仲介的權力是必然要討論的。公民如不注意公眾的事務，他們如重視錢袋勝於他們自己，國家就行將傾覆。愛國心的薄弱、私人利益的活動、國家的廣大、征服，與政府的濫權，就引致設計出由議員或人民的代表出席國民大會。但主權不能被代表，正如主權之不能割讓；它在本質上存在普遍意志；主權是不能由代表制來確定的；主權或是其自己，或是別的；沒有什麼中間路線。一條法律非由人民親自核准，就全然不成法。英國的人民自信他們是自由的，但他們自己大大欺騙了自己；除了在選舉國會議員的時候之外，他們並不是自由的。議員一經選出，人民就被奴隸了。

政府組成的過程是怎樣的呢？第一步，主權者決定政府將採取哪一種形式；這是制定法律。第二步是由人民提名付託政府的人物；這不是法律，而是政府的運作。

在人民大會中以多數取決；這是社會契約的邏輯結果。法律之須經一致通過的，只有契約本身。但一個人如何能享有自由而同時又服從他所不贊同的法律呢？

我這樣回答：當在人民大會提出一條法律的時候，問題並不完全是公民對它贊同與否，而是它是否適合普遍意志。那麼，成爲少數只是證明，他們對普遍意志的估計是錯誤的。既經宣告成立，他們，以公民論，是參加在內的；以臣民論，他們是一定要服從的。

第十六章　道德與政治論文集——休謨

他的哲學是以普遍的懷疑論（universal scepticism）爲基礎。旋即在一七四一至一七四二年間發表《道德與政治論文集》（*Essays, Moral & Political*）。此書因其對當時不切實際的討論予以批判，使休謨（David Hume）名噪一時。其中，反對奇蹟的論點，現尚爲人所津津樂道，且是著者最有價值的傑作，被許多人認爲是他那時代最偉大的思想家。休謨《英格蘭史》（*History of England*, 1754-62）也享有盛名，但由於著者的偏見和其取材不恰當對學生沒幫助。

〔大衛・休謨生於一七一一年，死於一七七六年。是近代的主要哲學家之一。一七三七年休謨的《人性論》（*A Treatise on Human Nature*）問世，還著有《道德原理》（*An Enquiry Concerning the Principles of Morals*）。

此書就譯者所知，尚未有中譯本。〕

一、關於悟性的懷疑

人類的理性或探討之一切對象，可自然分爲兩種——那就是**觀念的關係與事實的材質**。屬於第一種的是幾何學、代數學，與算術，簡言之，所有的肯定，無論是直覺地確定的，或是證明地確定的。「直角三角形斜邊的平方等於兩邊的平方」是一個表示這些圖形之間關係之命題。「五之三倍是等於三十之一半」是表示這些數目之間的關係。

這一類的命題只是藉由思想的運作，並不依賴存在於宇宙中的事物。雖然在自然界中從沒有一個圓形或三角形，歐幾里得（Euclid）所證明的眞理，還是永久保有其確實性與憑據。

人類的理性之第二種對象，事實的材質，並不是如此確定的；我們對其眞實性之憑據，不管怎樣大，都與前述的性質不同。每一事實的反面依然是可能的，因爲它從不隱含矛盾，而心智也以同樣的通性（facility）和辨別來思考，好像它是與現實相符的。「太陽明天將不會升起」這個命題，並不比「它將升起」較不易懂，也不含較多的矛盾。所以，我們若企圖要證明其謬誤，是白費力氣。如果它是論證式的謬誤的，它必定含有一個矛盾，心智對它的思考不能有那麼清楚。

所以，這可成爲一個值得探討的課題：有種憑據向我們保證，在我們感官的現場作證，或我們記憶的記錄之外，尚有事實材質的存在，那憑據的性質是什麼？一切關於事實材質的推理都以**因果關係**爲根據。所以，如若我們自己要詳知那向我們保證事實材質之憑據的性質，我們就必須探討我們如何得到因果的知識。

我大膽地斷言，因果關係的知識，不論在任何場合，都不是由**先驗性**（*a priori*）的推理而得，而是完全由經驗所生。我把這作爲一個普遍的命題，不容有例外。

下述的思慮或已足以使我們相信：一切的自然法則，與身體的一切運作，毫無例外，唯經由經驗才得知。我們所見的任何對象，若須斷定會有何結果將隨它發生，如果不根據過去的觀察，我求你，我們的心智將怎樣進行這運作呢？一定要發現或想像某一事件，把它作爲那對象的結果；這個發現，顯然是完全任意定的。心智永不能以最精密的檢驗，在這假定的原因中找出那結果。因爲結果是完全與原因相異的，所以，永不能在原因中發現出結果來的。

一塊石頭或一片金屬物，升高於空中，如沒有什麼事物扶住它，立即就落下來。但，以**先驗性**材質來考量，我們在這情形下，能在石頭或金屬中發現任何事物只能生出下墜的觀念，而非上升或別種移動的觀念嗎？

一言以蔽之，每一結果是一項異於其原因的事件。所以，結果不能在原因中發現，其最先的發現或概念，**先驗性**，必然是完全任意定的。而且，即使它業已提出，它與原因的連繫也同樣是任意定的，因爲常有許多別的結果，在推論上必須看來完全一致和自然。所以，若我們不藉觀察與經驗之助，要推求任何原因或結果，是徒然的。

我們因此就可以知道，爲什麼沒有一個有理性與謙遜的哲學家，敢指定任何自然的運作其最終原因，或很清楚地指出，宇宙中的任何一個結果，是由哪個能量的運行而產生的理由。

所以，我說，即使我們對因果的作用已有了經驗，我們從那經驗所得的結論，並**不是**基於推理。

我以前所吃的麵包，給我以營養；這即是說，一組可感覺的質性在那一時候給予那種祕密的能量；但，這是否說，別的麵包在別的時間也一定給我以營養，同樣的可感覺的質性，必然帶來同樣的祕密能量呢？後果絕不是必然的。最少，必須承認，這裡有一個後果是心智所投下的，有某些步驟已在進行；思想的一個過程，與一個需要解釋的推論。

這兩個命題是極不同的：「我已看出這樣的一個對象常導致這樣的一個結果」與「我預知別的外表相似的對象將導致相似的結果。」如果你喜歡，從一個命題就可以推論得另一個命題；這是我所允許的；而且，我知道在事實上也常是推論而來的。但你們必須承認，推論並不是直覺的；也不是證明的。那麼，它是什麼性質的呢？如說它屬實驗的，這種說法是犯了先定結論之謬誤。因爲從經驗的一切推論都假定說，將來將類乎過去，類似的能量與類似可感覺的質性相連，作它們的基礎。

如果有任何自然的行徑或將改變、過去不能作爲將來的規範，這類疑慮，一切的經驗就變成無用的，不能以它爲根據而作推論或結論。所以，任何以經驗爲根據的理由，不能用以證明未來之同於過去，因爲這些理由都是以假定那種類同爲基礎的。即使承認以前的萬物的行徑是極有規則的，如果只有它而沒有新的理由或推論，並不能證明未來也將如此。

你們如自以爲已從過去的經驗學得物體的本性，是徒然的。它們祕密的本性，在它們可感覺的質性並沒有什麼改變下，隨著所有它們的結果與影響，可以發生變動。這對某些對象有時會發生這樣的情形。爲什麼不會時常發生，和對一切的對象都發生這樣情形呢？有什麼邏輯，有什麼論證過程，使你能安然反對這個假定呢？

你說：我的實踐推翻了我的懷疑。但你誤解了我問題的意思。作爲一個執行者，我對此是很滿足的；但作爲一個哲學家，我既具有一點好奇心，不願說懷疑論，我就要知道這種推論的基礎是什麼。

從經驗的一切推論，都是習慣的結果，而不是理性作用的結果。我們已觀察到人性在諸特殊觀念之間建立了連繫，我們思維一閃出一個觀念，它立即就帶入與其相關的觀念，我們的注意，就被這一個溫和與不察覺的調動，轉移到相關的觀念上去了。這些連繫或聯想的原則，我們已化約爲三種——即**類似**（resemblance）、**連續**（contiguity），與**因果**（causation）。讓我們的思維結合起來而生出思慮，或論述有規律的次序——人人都有的，不過多少不同——，就只有這幾種關係。

這裡就發生了一個問題，現在諸困難的解決都依靠著它。是不是在這一切的關係中，當有一個對象呈現在感覺或記憶時，心智就不單是帶至與其相關的概念，同時也達到一個比別種方法所能達到的概念，更爲穩定與更強呢？從因果關係所生出的信仰，似乎就是這樣的。

我要補充說，藉某種本能或機械的傾向，得到了心智的那種極必要的舉動，其作用從不錯誤，在思維初現時就發現其自身，而且用不著依賴悟性費力的演繹；是符合人性的普通智慧。

二、論奇蹟

一個有智慧的人，他的信仰是隨證據之多少而增減的。他的結論如根據於一個永不會錯的經驗，他對於事件就很有把握，以他過去的經驗作爲那事件未來存在之**證據**。

在別的情形，他進行的就較爲小心。他權衡相反的經驗。他考量哪一方得到最多的經驗支持；他就偏向於那一方面，不過還有點遲疑，當他最後決定他的判斷時，所有的憑據，只不過是我們正確的稱作**或然性**（probability）。一切的或然性都假定有一相反的實驗與觀察，當此方比另一方更具優勢，就產生某種程度的憑據，且等比於其優勢程度。

如待證明的事實不易爲我們所觀察到，就有兩種可能的經驗對壘，此一經驗盡其力量破壞另一經驗，而優勝的經驗只有以所剩留的力量在心智運作。這個在目擊者證詞中，給我們以某種程度的保證之同一經驗原理，在此場合也給我們，以對其所企圖建立的事實，某種程度相反的保證，就必然發生一平衡，互相破壞著信仰與權威。

但，爲要增加反對目擊者證詞的或然性，我們可以假定其所肯定的事實，不單是不可思議，實際上是奇蹟；並假定證詞如分開來單就其自身看，是一個完全的證據，其中最有力的必然得勝，但其力量是按照其反對者力量之大小呈比例減少。

奇蹟是對自然法則的違背。確實的與不能改變的經驗，既已建立了這些法則，反對奇蹟之證據，從事實的眞正性質上說，是與根據經驗而來的任何論說，所能想像的一樣完全。爲什麼「人之必死」、「鉛本身不能懸空」、「火消耗了柴」、「火被水所熄」，不僅是可能呢？除非這些事件是與自然法則相符，不然豈不是要違背這些法則，換言之，要奇蹟，來阻止它們嗎？

一件事如果循自然的常軌而發生，就不算是奇蹟。一個外表好像是健康的人，驟然去世，並不算是奇蹟，因爲這樣的死，雖比別樣的死較爲不尋常，卻也是時常發生的事。但如果一個死去的人復活起來，就可算是奇蹟，因爲這是不論在什麼時代、在什麼國家，都沒有被觀察到過。

所以，每一奇蹟的事情必須有一致的經驗反對它，否則，那件事就不配稱爲奇蹟。一致的經驗既等同一個證據，就有一個直接的與完全的證據，從事實的性質而言，是反對任何奇蹟的存在的；單靠一個較爲優勝的相反證據，不能把如此的證據毀滅的，也不能使奇蹟成爲可信。

顯明的結果是（而且它是一個值得我們注意的普通公理）：「沒有什麼證詞足以證實一個奇蹟，除非那證詞是屬於這一種的——即，其謬誤比它所盡力證明的事實更不可思議；即使在這種場合，不同的爭論是互相毀滅的，優勝的論證只給我們以一種擔保，而此擔保是與被戰敗的論證相抵消後，所剩餘的力量的程度相適。」

法國的僧侶巴黎（abbe Paris），著名的賈生派信徒（Jansenist），從來沒有如此大量的奇蹟，歸向一個像他的墳所呈現那樣多，人民被其聖潔迷惑了很久。病者能醫好、使聾者能聽、使盲者能見；到處都說這個神聖的墳常有這種效果。但，最特別的是有許多的奇蹟在極正直的人物面前，正當盛年以具信用和著名目擊者的身分，在現今世界上最有名的劇場作證，被立時證實。

不單是如此；記有他們敘述的書，傳布於各處。耶穌會雖是一個有學問的團體，受民事行政長官的支持，且將那些說出有利於傳言出現過奇蹟意見的人，定為敵人，也不能旗幟鮮明的識破或駁倒他們。在這麼多都指向認同這一事實的氛圍下，我們應如何反對，這層目擊者所敘述的事件中不可思議或絕對不可能的性質？從一切有理性的人看來，這恰足以駁倒他們。

假定所有研究英國史的歷史學家，都同意伊麗沙白女王死於一六〇〇年一月一日；在她死前與死後，她的醫生與宮廷的全體人員都親眼看見的；她的繼承人已得國會承認並宣布繼位；但在一個月後，她重新出現，復位執政，再統治英國三年；我一定要承認，對這許多離奇的事情是很驚訝，但絕不會相信如此奇蹟的事。我不該懷疑是她裝死，也不懷疑那些因她死而同時發生的各種怪事。我只確定地說那件事是裝出來的，絕不是眞的，也不可能爲眞的。

你們也許用這些難題來反對我，說：這樣重大的事，是幾乎不可能也很難欺騙天下的；這位有名的女王，其智慧與明斷是不會作這樣僞劣的事的；她從此舉是不會得到利益或毫無利益，這些非難是徒然的。這一切或令我驚駭；但我還是這樣回答：欺詐與愚蠢是人類極通常的現象，我寧可相信最特殊的事件同時發生，而不承認那與自然法則顯然相違的事。

我們最神聖的宗教，其基礎是信仰而不是理性；要揭發它，最穩當的方法是給它嘗它絕受不住的考驗。爲使這一點更加明白起見，讓我們檢驗那些涉及摩西五書（Pentateuch）的奇蹟，我們將其作爲只不過是，人類的著作家與歷史學家之產物而檢驗之。首先，這本書，是一個野蠻和未開化的民族寫給我們的，在寫該書的時代，那民族是比現在更野蠻的，而且大約是在它所敘述的事實發生後，極久才寫的，沒有相應的證詞可以證實，而與每一個民族對其起源之傳說故事相類似。

我們一讀該書，可以看到許許多多的奇特徵兆與奇蹟。所講的世界與人性的情形與現在是完全不同的；我們如何從那狀況演進；人類在那一千年左右的情形；世界被一次洪水所毀滅；專擇一民族爲天堂的寵兒，而那民族就是著者所屬的民族；他們藉那些令人難以想像的奇特徵兆而得解放。我希望每一個人都捫著他的良心，經過認眞考量，再說出此書的虛謬，由這樣的證詞支持，是不是比它所傳述的奇蹟，還更不尋常與不可思議？至於它所敘述的奇蹟，是必須依照上面所建立的或然性方法讓其可以被接受。

三、特殊的神與未來的國

我最近與一個喜歡「懷疑的悖論」（sceptical paradoxes）之朋友談話。我說，一個有智慧的行政長官極力保護伊比鳩魯（Epicurus）這一類的哲學教義是很正當的，因爲伊比鳩魯不承認有「神」，因而也不承認有未來的國，這樣，道德的束縛似乎就被解套了。他對我的意見，回答說：「如果伊比鳩魯被人在人民之前這樣控告，他能很容易地爲他的主張辯護，並證明他的哲學原理是與其反對者的哲學原理，同樣有益於世的。如果你高興，我可暫時假定作爲伊比鳩魯，你假定作爲雅典人民。」

「極好；我們就這樣假定而進行吧！」

伊比鳩魯：雅典人呀！我到這裡來，是要在你們的大會中，證明我的學派是對的；指控我的，是忿怒的反對派，他們並不以冷靜和不帶情緒的研究者來推理。

控訴我的人們，他們主張有神（我對於有神是從未懷疑過的）之唯一或主要論說是來自自然的秩序；自然的秩序是極智慧與精巧的表徵，絕不能歸因於偶然或材質的盲目和無定向的力量。你們以爲這是一個由果求因的論證，你們從成品的秩序，而推論說一定要有工人具有那種計劃與預謀。如果你們在這一點不能成功，你們就承認說你們的結論不成立，且不願建立一個比自然的現象所許可的範圍更大的結論。這一些就是你們所承認的。請你們注意其結果。

當我們從「果」推求任何特殊的「因」時，我們一定要使此「因」與他「因」保持適當的比例，不得賦予其任何質性，只有那足以產生那種結果的，才以它爲其因。在天秤一面的十盎司重的物體向上升起；這證明另一面的重量是超過了十盎司，但絕不會超過百盎司的。

這個規則，對於各種因，不論是粗野的、無意識的材質，或有理性的知性人物，都是適用的。如若「因」只由「果」才知道，那麼，只有那些確實爲產生那種結果所必需的質性，我們才視它爲其因。我們也永不能回轉來從「因」推求出我們所未知道的「果」。

所以，假定我們承認神是宇宙的存在，或秩序的創造者，那麼，眾神也就具有表現於其工作的那種能量、智慧，與仁愛；但是不能再證明什麼，除非我們借助著誇張與諂媚，以補論證與推理之缺點。任何屬性，如既有形跡可見，我們可以下結論說，這些屬性是存在的。至於再假定別種屬性，只是假設而已；如若假定說這些屬性，在極遠的地方，在極久的時間，曾有或將有一個更爲壯麗的呈現，並且有一個更適合於這種想像美德之行政架構，這更是假定了。

我們絕不能從宇宙——「果」——升上邱比特（Jupitor）——「因」——然後再降下從那「因」而推求新的「果」。「因」之知識完全是得自於「果」，它們必須互相配合得宜；不能再推求得任何事物。

你們說，我否認「神」與世界的「最高統治者」；這位最高統治者指引事件的進程，以臭名與失望懲罰惡人，以榮譽與成功獎賞善人。但，我所否認的，一定不是事件的進程本身，它是人人都能探討和檢驗的。我承認說，在當前的事物的秩序中，「德」比「惡」更能使心智安靜，並更得世界的歡迎。我覺得，依據人類過去的經驗，友誼是人類生活中的最大的喜悅，而穩健是安靜與幸福的唯一來源。我從沒有在「善」的生活與「惡」的生活之間躊躇過，但覺得，一個心智友善的人一定是偏向「善」的生活。你們還能爲你們所有的假定與推理再說些什麼呢？

第十七章　國富論（原富）

——亞當・史密斯

一七二三年六月五日生於蘇格蘭費佛郡（Fifeshire）克卡迪（Kirkcaldy）並在那受教育，進入格拉斯哥大學（Glasgow University）和牛津的波利爾學院（Balliol College）；亞當・史密斯（Adam Smith）在一七五一年擔任格拉斯哥大學的邏輯學教授，從一七五二至一七六三年期間任道德學教授。一七六六年退休，致力於撰寫涵蓋他在這段期間所領悟到的原理這樣一部巨作，一七七六年以《原富》（*An Inquiry into the Nature and Causes of the Wealth of Nations*）的書名問世。亞當・史密斯的推理影響深遠，他強烈維護自由貿易，且其對東印度公司的指控尤其修正了英國歷史的進程。

〔亞當・史密斯生於一七二三年，死於一七九〇年。他是十八世紀的英國的大經濟學家，爲古典學派的建立人。他主張自由貿易，攻擊政府的干涉；即所謂「自由放任主義」。《原富》爲其最重要的著作，發表於一七七六年，爲經濟學史中的一部名著，也可說是古典學派的經典。

此書已有中譯本：文言譯本，譯者爲嚴復，書名《原富》，由商務印書館出版；白話譯本，譯者爲郭大力與王亞南，書名《國富論》，由神州國光社出版；二〇二〇年七月由五南出版，經吳惠林審定，書名《原富（國富論）》。〕

一、勞動及其產出

分工是使勞動生產力增進之主要原因。例如，製造一枝針，包含有十八種不同的工作，由十八個工人負責；結果是，如由一個人獨自包辦，每日大約只能製二十枝針，如由幾個人照分工原則合作的，每人每日可製幾千枝。在高度發展的社會裡，差不多每一種操作工藝都採行分工；而分工的大利益是仰賴每一個工人靈巧度的增進、省下因更換工序而耗掉的時間，最後是，採用節省時間的各種機器。

這種有許多利益的分工，並不是由任何人類的智慧所生的，以爲這種智慧可預見和有意藉分工實現富裕；而是人類天性有以物易物和交換之偏好的演變結果。他們各以其產出交換，這種交換的能量，使一個人只生產麵包，而另一個人只生產衣服成爲可能的事。

所以，分工的範圍是受市場的範圍所限制的。有幾種行業，甚至最低階的，只能在大城市中進行——例如，一個挑夫在鄉村中是不能找到事做與維持生活的。在蘇格蘭的山地，每一個農夫一定要做他自己家庭的肉販、烘麵包者與釀酒者。

因爲水上交通工具給各種產業帶來的市場，比陸上交通工具所支應的市場，較爲廣大，所以，在海岸與可航行的河流的兩岸之行業，就開始分流與改進；經過很長的時間，這些改良才傳入內陸，因此，最早的文明國家是群集於地中海的沿岸，而埃及早期進步的主要原因，或者就在於其內河航行的容易與廣泛。

分工既經建立，每一個人在某種程度上都是一個商人，而社會也成爲一個商業的社會。交換的持續發展，免不了引起貨幣的產生。在沒有貨幣或一種通用的交換媒介時，社會是受物物交換這種煩瑣的方法所限制的。所以，每一個人早期都在他自己行業的產出之外，努力保有一定數量的某種商品，這些商品是別人願意以其特別行業的產出交換。例如，牲畜作此用途的，在原始的社會中是很普遍的；荷馬說過一套戰甲值一百頭牛。

但是，金屬既耐久，又便於分割，所以在所有國度中都被用作交換媒介；因要避免每一次交易都要秤量金屬塊片的麻煩，且因要預防詐欺，故在購物常用的特定數量的金屬上，加蓋政府的印章。這樣，商品的價值就以鑄幣的數目計算了。

但，一切商品交換價值的眞正標準是勞動；任何商品的價值，對於那擁有的人，是等於他所能購買或要求之勞動量。以貨幣或物品買得的東西，是以勞動買得的，這和由我們憑自己體力活生產所需是一樣的。只有勞動，其本身的價值是永不變動的，所以只有勞動是一切商品價值的最終與眞正的標準，不論在什麼時候，不論在什麼地方，都能以它爲標準，去估計與比較一切商品的價值。勞動是商品眞正的價格；貨幣只是它們名目的價格。同等的勞動量，在相隔一段時間，以等量的穀物（勞動者的維生物資）來購買，是比以相等數量的金或任何其他的商品所能購得的，較近於相等。

商品的價格，其元素有幾種。在以打獵爲主的國家，如若獲一海狸所耗的勞動兩倍於獲一鹿所需，那麼，一海狸是值二鹿。但，如果一種勞動是比別種勞動較爲吃力，自然就要算多一點；第三，如果一種勞動所需的靈巧與原創的程度，是異乎尋常的，那麼，其價值也要比花同樣時間的勞動來得高些。

我們在上面所說的，勞動的產出是全部歸爲勞動者所有的。但當資產積累於特殊個人時，他們之中一部分人就運用資產，僱勤奮工人以生產，把原料與維生物資供給工人，他們從出售工人的工作成果中，得到利潤。資產的利潤，不能視爲某種勞動——監督與指揮的勞動——的工資；因爲它們完全由所運用的資產其價值來規範的，利潤的大或小，是與資產的規模大小成正比例。

在每一個社會或地區中，各種行業動用的勞動和資產，其工資與利潤都有一個通常或平均的比率；此比率，有一部分由社會普遍的情況，富足或貧乏，來決定，有一部分是由每種行業的特性來決定。

在每一個社會或地區中，租金也有一個通常或平均的比率，一部分由那土地所在社會的普遍情況來決定，一部分是由那土地的自然或改良的肥沃程度決定。任何商品的自然價格，是靠商品生產所在地的工資、利潤，與租金的自然率。但商品的市場價格可以異於其自然價格，是依供給與需求之間的比例。

二、資本的性質、積累，與運用

當一個人所擁有的資產只夠維持他幾天或幾個星期的生活時，他很少想從它取得什麼入息，但當他擁有足夠維持幾月或幾年的生活時，他就會力圖從其中一大部分取得入息了。這從中取得入息之資產，就稱爲他的資本。

運用資本以產生利潤之法有二：第一，可用以製造物品或購買物品，再把它們賣出，而得利潤；這是流通資本。第二，可用以改良土地，或購買機器與工具；這種資本，是由不更換主人的對象（標的物）產生利潤，故稱之爲固定資本。

任何國家或社會的一般資產，是與其國民或成員的一般資產相同的，可以分爲三部分，各部分各有其功能：第一，是留爲立即消費的，並不生入息或利潤。第二，是固定資本，由下列各項所構成：

(1)足以增進勞動的一切有用的機器與工具。

(2)一切有收益的建築，這些建築不單使屋主有入息，而且使租用人也可得入息，如商店、貨棧、農倉、工廠等。

(3)土地的改良，以及一切支出用以掃除、灌溉、圍封、澆肥，與使其進入最適於種植的狀況。

(4)社會所有的居民，或成員所學得的和有用的能力；因爲要學得這種技能，在學習時期的維持費，是一種眞正的費用，是固定於其人身中的資本。

第三，也是社會的一般資產分爲三部分中的最後一部分，是流通資本，這僅透過轉手才生利潤，包括有：

(1)所有的貨幣，此項目下其他三種，都藉這些貨幣而流通與分配，至其適當的消費者。

(2)屠夫、場主、穀商等所擁有的所有的糧食，他們預期從出賣這些糧食得到利潤。

(3)所有的衣服、傢俱，與建築原料，不論是完全天然的原料，或多少已加工製造過的原料，還沒有成形，而尚在種植者、製造者，與商人之手的。

(4)一切已完成的製品，但尚未到達眞正的消費者之手的。

以紙幣代替金銀所鑄的貨幣，是以所費較少而同樣便利的商業工具，代替那極價昂的工具。流通就在這新的車輪上進行，這種新的車輪不論是創設的費用，或維持的費用，都比舊的車輪來得便宜。

三、各國富裕的進程

每一個文明社會最大的商業，是在鄉間人民與城市人民之間進行。城鄉間的商業是天然產物與製造品的交換、或者直接的交換、或者以貨幣爲媒介、或以代表貨幣的某些紙本爲媒介。鄉村以維生物資與原料，供給城市的製造者。城市則以製成品的一部分，供給鄉村居民以爲回報。城市既不生產維生物資，也不能再生產維生物資，所以，可說城市的維生物資完全得自鄉村。鄉村從與城市交易所得的利益，到什麼程度，是可以由比較，接近城市的土地耕種情形，與遠離城市的土地耕種情形看出。

維生物資，就物品的性質而言，是先於奢侈品與便利品，所以，獲取維生物資之農村行業，一定是先於那貢獻奢侈與便利用品之城市行業，每一個日益發展的社會，其資本的大部分，最先是用於農業，其次才用於製造業，最後才用於國外商業。

但是，這種自然的秩序，在歐洲所有先進國家中，於許多方面，都已完全顚倒。它們若干城市的國外商業，催生精緻的製造業，而製造業與國外商業，合使其農業進行重要的改良。他們原先政府所引進來的習慣，在那政府已大加變動之後，尙繼續存在，這些習慣必然地強迫，他們進入這種不自然和逆行的秩序。

在歐洲的古代國家中，羅馬帝國傾覆之後，農業極受阻礙，有幾個原因。野蠻人對古代居民的掠奪與暴行，使城鄉之間的商業中斷；城市無人煙，鄉間沒耕種。歐洲的西部陷於極貧乏的狀態，土地大部分沒有耕種，被幾個大地主所壟斷。

這些土地，依照事件的自然進程，不久就會再行分割，因繼承或轉讓而分裂成小塊；但長子承繼法（law of primo-geniture）阻止了因繼承而分割；限制繼嗣（entails）之引進又阻止了因轉讓而分割；這些對於土地分割的阻礙，因而對於土地耕種的阻礙，是歸因於不僅把土地視爲維生的手段，也視爲權力與保護的手段。

在歐洲的古代國家中，占用土地的人，都是隨意的佃戶，特別是奴隸。繼他們的，是一種在法國現在稱爲「分成制佃農」（metayers）的農民，所收獲的產出，除了拿出維持牲畜（它們是地主所有的）所必要的之外，餘下的由地主與農民均分。繼他們的，是那些恰當可稱爲農場主的，他們以自己的牲畜耕種，付地主固定的地租，並享有某種程度的租佃保障。土壤實際耕作條件的每一次改良，土地及其耕種也跟著有相應的改良。

羅馬帝國覆亡之後，市鎮的居民並不比鄉村的居民較受優待。城市的居民，主要的是商人與技工，他們在那時代是屬於奴婢，或近於此種狀況的。但城市人民之得自由和獨立，比鄉村人民爲早；他們的城市變爲「自由的自治城邑」（free burghs），並成立民眾團體或市政府，享有自己的行政長官與市議會，可爲其政府制定條律，並可建築城牆以自衛的。這樣，城市就有了秩序與良好政府，其個人有了自由與安全，但在這個時候，農村中占用土地的人還要承受各式各樣的暴行。

商業與製造業城市的增加與富裕，後來也有助於農村的改良與耕種。幫助之道有三：第一，提供農村的天然產出一現成的大市場。第二，城市的居民用其所得的財富，購買荒地並使其成爲耕地；因爲商人有野心想成爲鄉間紳士，當他們成爲鄉間紳士時，他們大都是改良者最好的人物。第三，商業與製造業逐漸使農村的居民也有了秩序與良好政府，而個人的自由與安全是其邏輯的結果。

四、重商（mercantile）制度

有一種理論，主張說財富在於貨幣或金和銀；從這種錯誤的理論，假定說是爲製造業、商業，與國家財富之利益而定，就引出一種謬誤的，與有害的政治經濟制度，及立法制度。以爲富國就是一個富有貨幣的國家；歐洲所有的國家因之就都研究各種

可能的方法，雖然毫無目的，以積累金和銀於其國內。例如，他們有時禁止輸出金銀，或以重稅阻礙其輸出。但是這一切的嘗試都無效，因爲，一方面，任何國家輸入的金銀當其數量超過「有效需求」（effectual demand）時，沒有什麼警戒能阻其輸出的。通常稱爲「貨幣不足」（scarity of money）的眞正不便，並不是缺少交換媒介，而是信用的削弱與縮小，這是由過度交易而生的。

「重商制度」或「商業制度」的原則是：財富在於貨幣或金和銀。這原則是完全不實的。但大家既相信財富在於金和銀，沒有金銀礦的國家只能由「貿易收支」——這即是說，輸出的價值大於輸入的——帶來金銀，那麼，政治經濟體最大目的，是在於極力減少輸入外國貨物供本國消費，而極力增加輸出本國產業的產出。所以，使國家富足之大引擎，就是限制輸入與獎勵輸出。

對輸入的限制有兩種：第一，本國所消費的物品，凡本國所能生產的，這一類的外國貨不論來自何國，都限制其輸入。第二，對某國的貿易收支若假定爲不利，則對於該國的各種貨物都限制其輸入。限制之法有時是徵收高關稅，有時是完全禁止。

獎勵輸出之法，有時是對出口的貨物退回其已徵的稅，有時是津貼，有時是與主權國訂立有利的商約，有時是在遼遠的地方設立殖民地。上面所說的兩種限制輸入的方法與四種獎勵輸出的方法，就是重商制度扭轉貿易收支對己有利，以增加金和銀的數量，所提出的六種主要手段。

整個的制度，在其一切的發展過程中，都是理論謬誤而實踐結果有害的。要知道誰設計這種重商制度，是不難的——並不是消費者，他們的利益是完全被忽略的；而是生產者，尤其是商人與製造業者，他們的利益是受到極細心的照顧。

「重農制度」主張，每一國家的收入與財富，其唯一的來源是土地的產出，所以，農業應受特別的保護。這種主張，與重商主義同樣謬誤與有害。

五、主權者或國家的收入

主權者的第一件責任，是保護社會不受其他獨立社會之暴力和入侵。要執行這責任，就只有用軍事武力。這，或者是使全體公民或一部分公民，在適兵年齡都加入戰役訓練，但繼續任事於各項職業，或維持一定數量的常備軍，持續從事軍事演練的公民，就以軍士爲特殊職業，以有別於其他職業。民軍所費較省，但常備軍之作戰力顯然較強，軍隊的費用要由主權者或國家負擔。

政府的第二件責任，是保護社會的每一成員不受別成員的侵害或不義。爲這個目的，就要設置法庭與司法官，一定要任命官吏以保持社會的內部治安。另一件責任是維持教育機關——不單包括大學，教會也包括在內。道路、橋梁、運河，與其他交通之創設與維持，並不能由私人經營，一定要由政府負責的。

政府這一切責任的費用，都由租稅支付。租稅的主要原則是租稅應與各人的付稅能力成比例，而徵收每一項租稅，其費用應極力節省，徵收時應盡可能減少人民的厭煩或困擾。

第十八章　純粹理性批判——康德

這本劃時代創作，於一七八一年首次發表，是引人注目的三部作的第一部，其他的兩部爲《實踐理性批判》（*The Critique of Practical Reason*），一七八八年，與《判斷力批判》（*The Critique of the Power of Judgement*），一七九〇年。康德（Immanuel Kant）的觀點，純粹理性宣揚人類知識基於經驗；而實踐理性認爲心智中有某種**先驗性**想法是獨立於經驗，可稱作人類自由、「神」和永生的觀念。因此，在區分清楚唯物論和唯心論的範疇之際，他試圖找出一聯合兩者的樞紐。

〔艾曼紐・康德生於一七二四年，死於一八〇四年。他是十八世紀德國的大哲學家，其批判哲學對於後來的思想界有極大的影響。著作極多，最主要的就是上面所說的三部作。

此書有胡仁源的中譯本，商務印書館出版。〕

一、先驗知識：美學

經驗是我們所意識到的事物。它也是我們理解（comprehension）的第一結果，但並不是我們悟性的極限，因爲它刺激我們理性的官能，但並不滿足理性的知識慾。我們一切的知識雖是始於可感覺的印象或經驗，其中有一要素並不是從這來源產生的，而是超越它的。知識所著重的若不僅是外界的對象，而是我們如何知道那些對象，這即是說，是它們的**先天**概念，這種知識是先驗的。

我們所有的知識，或是**先天**的，或是**後天**（a posteriori）。知識若得自可感覺的經驗——包括可感覺的印象或情態——，就是**後天**的知識；知識如非由此得到，而是包括任何普遍的或必要的事物，就是**先天**的知識。

完全的先驗哲學是有系統的顯示，人類知識中一切屬於**先天**的，或者說，「純粹理性原理之全部」。但是，純粹理性之批判，並不能包括這一切。只能討論**先天**的知識中綜合的要素或質性，這有別於分析的要素。

我們經由我們的感受性（sensibility）作爲領悟官能而感知對象，供給我們那些直覺，藉悟性之力而轉化成爲思想。這就是我們的概念或觀念的起源。與感覺相應的現象，我稱之爲「材質」（matter）；材質以已知的秩序呈現，這種質性我稱之爲「形式」（form）。**後天**呈現於我們心智的，只有材質；至於形式，必然是**先天**存在於心智，所以，可以離開一切的感覺來考量。

純粹的概念作用（representation），完全離開感覺，在一種先驗的意義中，構成心智的純粹直覺，只是以感受性的形式存於其中。「先驗美學」（transcendental aesthetic）是所有感受性原理的科學。但先驗邏輯是純粹思維原理的科學。我們在研究先驗美學時，可以發現感官直覺的純粹形式有兩種，即空間與時間。

空間與時間是不是實際實在物（actual entity）呢？抑或只是事物的關係呢？空間不過是一切外在感覺現象的形式；這即是說，它是感受性的主觀條件，外在直覺只在這條件下才有可能。這樣，一切現象的形式，可以先於一切經驗之純粹直覺**先天**存在靈魂中。所以我們只能從人類理性的立足點來談，空間或外延的對象。但，當我們把從我們感受性所感知的一切形式加以抽離，只剩下一個純粹的直覺，我們稱之爲空間。所以，我們的討論告訴我們：一切能以對象外在呈現於我們之前，都有空間的客觀正當性；但同等地，凡由我們理性——即，不考慮我們感受性的本性——研究諸事物其自身，都有空間的主觀理想性。

時間，並不是由實踐想得的；這即是說，並不是由實驗而理解的。時間是一種必要的概念作用，爲一切的直覺所依賴的；時間的概念作用，心智是**先天**具有的。現象只能在時間中理解。這些現象可以消失，但時間是不能擯棄的。

時間並不是獨自存在的。而是一切現象**先天**的形式條件。如若我們推論我們本身特有的感受性，時間的觀念就消失，因爲它並不是任何對象所固有的，而只存在於那感知對象之主體。空間與時間，本質上是**先天**的觀念，它們是一切特殊知覺的必要條件。從特殊知覺以及它們的對象，我們能抽象想像，而毫無例外；但從空間和時間，我們卻不能。

所以，應視空間與時間爲，一切現象其可能與實際的必要之**先天**性前提條件。「先驗美學」顯然是只能獲得這兩個要素——空間與時間——，因爲一切其他的概念屬於知覺與預先假定的經驗，故隱含實踐的事物。例如，活動的概念是預先假定有物件在移動，但只想空間，是沒有移動的物件，所以，凡移動的物件一定要由經驗去認識的，是純粹實踐的素材。

二、先驗邏輯

我們的知識是得自意識的兩個基本來源。第一是容受印象之官能；第二是藉這些印象或概念作用而認識對象之官能，這第二種能力，有時稱爲概念的自發性（spontaneity of concepts）。第一種能力把對象給我們，第二種能力使我們在心智中思維。這樣，直覺與概念就構成我們全部知識的元素。因爲有直覺而無概念，或有概念而無直覺，都不能產生任何知識。因此，就引出科學的二部門，「美學」與邏輯，美學是感受性規範的科學，邏輯是悟性規範的科學。

邏輯能從兩方面研究：或是作爲悟性的普遍運用的邏輯而研究、或是作爲悟性的特殊運用的邏輯而研究。前一種包括思維的規範，若沒有這些規範，悟性就無作用；但它並不涉及悟性所施用的對象，這是基本的邏輯。後一種包括關於特殊對象的正確思維的規範。這種邏輯，通常在學校中是作爲科學研究的預備知識而傳授的。

普遍的邏輯並不考慮知識的內容，只限於研究思維的形式。但我們期望要建立一種邏輯科學的觀念，它不只研究純粹的思維，也要確定知識的起源、正當性，與範圍，它們與直覺有關；這種邏輯可稱爲先驗的邏輯。

在「先驗的美學」中，我們把感受性的官能獨自隔開。所以，在先驗的邏輯，我們也把悟性獨自隔開，集中我們的研究於只來自悟性的思維的要素。但，先驗的邏輯應分爲先驗的分析法與先驗的辯證法。前者是眞理的邏輯，其目的在於提供批判的準繩。邏輯如不是分析地判斷對象，而是大體上綜合地判斷對象，就稱爲先驗的辯證法，它使我們不陷於詭辯的謬誤。

純粹概念的分析

悟性，可界定爲判斷的官能。思維在判斷中的功能有四種，每種又可再分爲三：

1. 判斷的量：普遍的、特殊的、單一的。
2. 質性：肯定的、否定的、不定的。
3. 關係：直言的、假設的、選言的。
4. 樣態：可疑的、斷定的、確證的（超越矛盾）。

如果我們檢驗每一種判斷形式，我們就可發現每一種中都包含有某種特殊的觀念，那觀念就是其根本特質。這樣，一個單一的判斷；在此論述中的主體是一個單一的對象，顯然隱含有「唯一」或「單一」的特殊觀念。一個特殊的判斷，涉及幾個對象，隱含有「眾多」的觀念，且在這幾個對象之間加以區別。這些觀念的全部名單就構成悟性——視爲判斷之官能——的基本概念的完整分類，而這些可以稱爲範疇（categories）。

1. 屬量的：單一、眾多、總和。
2. 屬質的：眞實、否定、限定。
3. 屬關係的：實質與偶有性、因與果、作用與反作用。
4. 屬樣態的：可能——不可能、存在——不存在、必要——附隨。

這些是悟性的基本的、固有的，或天賦的概念，它們是出自其本性或構成其機制；是與其活動分不開的；所以對人類的思維，是普遍的與必要的，或**先天**的。這些範疇是悟性的「純粹」概念，故與感覺中的附隨事物不相關的。

先驗的辯證法

我們常把直接知道的，與只由推論而知的，進行區分。在每一個「三段論法」中，第一是一個基本命題，第二是一個從它演繹的命題，第三是結論。

在運用純粹理性，它的概念，或先驗的觀念，其目的在求思維的一切條件之一致。所以，一切先驗觀念可以區分爲三類：第一，包含思考主體的單一；第二，被觀察現象的條件的單一；第三，思維的客觀條件的單一。

如我們注意到思考主體是心理學的題材（對象—材質）。而一切現象（世界）的體系是宇宙論的題材；一切實有的「實有」（「神」）是神學的題材，那麼，對於上面的分類就很明白了。

我們因此知道了純粹理性提供三種先驗的觀念，即：靈魂的先驗科學（psychologia rationalis）的觀念、世界的先驗科學（cosmologia rationalis）的觀念，以及神的先驗科學（theologia transcendentalis）的觀念。心智藉先驗的唯心論在條件的系列中，上升而達無條件的——即原理——，這是先驗的唯心論的光榮。這樣，我們就從我們自己的知識前進至世界的知識，再由之而達「最高的實有」的知識。

三、純粹理性的二律相悖

先驗的理性企圖調和互相衝突的斷言。這些二律相悖（antinomy），或衝突，有四個。

第一個二律相悖。**定立**（thesis）。世界在時間是有一開端，在空間也有界限。**證明**。如世界沒有時間開端，我們一定要把不能有「界限」的加以一個「界限」，這是不合理的。再者，如世界在空間沒有「界限」，一定要把它想成一個無限的整體，但這樣想是不可能的。

反定立（antithesis）。世界在時間沒有開端，在空間也沒有「界限」，而在兩者皆是無限。**證明**。世界一定是已永久存在的，否則就完全不能存在。如若我們想像它有一個開端，我們一定要想像一個在它以前什麼都沒有的時間。但在這樣的時間中，任何事物的起源是不可能的。這樣的開端之任何成因，不論在何時，都不存在的。

第二個二律相悖。**定立**。世界中任何合成的實質，是由單個部分構成。這個定立好像是用不著加以證明的。沒有人能否認合成的實質包括諸部分；這些部分如果它們本身是合成的，那麼，它們一定包括其他的較少合成的部分，這樣循這思維一直強推下去，最後必然達到絕對單個的實質在其中的概念。

反定立。世界中沒有合成物包含單個的部分，世界中也沒有什麼單個的存在。**證明**。隱含於定立中的每一單個部分，一定是在空間的。但這個條件是它們的可能性一個確切的反證。單個的實質一定占有空間的單個份額；但空間不能有單個部分。這樣的一部分之假定，並不是空間的假定，而是空間的否定的假定。單個的實質存在和占有空間的任何部分，一定是包含有諸部分的眞實多樣性，這許多部分是各不相容的，這即是說，它一定是與其自己的本性矛盾的；這是不合理的。

第三個二律背反。**定立**。自然法則的因果關係，並不足以解釋宇宙的一切現象，要達這個目的，一定要假定另一種因果關係，其屬性是自由。**證明**。一切的所謂自然的因，都是前因的果，構成一迴歸的系列，其範圍是無限的，沒有最初的開端，所以我們不能得到任何現象適當的因。但自然法則之中心要求是：沒有事物會不具一個如此的因，而能發生的。

反定立。宇宙中一切事件，都在自然法則的獨自作用下發生的，沒有什麼自由這樣的事物。**證明**。自由的因之觀念是不合理的。因爲它與眞正因果法則之本身相矛盾。因果法則要求，每一事件都是隨著以前的某事件依序而來的。自由的因果是這樣的一事件，屬一系列現象主動的開端。但，這個假定的自由的因其活動，必定要想像它與以前任何事件都沒有關聯。它沒有法則或理性，將是混亂與無法可循的盲目實現。所以，先驗的自由是違背因果法則，而且與一切的經驗相衝突的。我們必須默認以自然法則的運作來解釋一切現象，所以，一定要把先驗的自由作爲謬論。

第四個二律相悖。**定立**。絕對必要的存在，有一些是屬於世界的，不論是世界的部分或其因。**證明**。現象的存在是系列的、易變的、一致的。每一事件是一以前的條件之附隨。有條件的，爲要得一完整的解釋，就假定了有一個無條件的。過去時間的全部，因爲它既包含過去條件的全部，必然包含無條件的，或也包含「絕對必要的」。

反定立。並沒有什麼絕對必要的存在，不論是以其部分存在世界中，或在世界以外，作爲它的因。**證明**。無條件必要的存在，在世界之中是沒有的。假定宇宙條件的鏈條中有一個無條件的連接，這是自相矛盾的。因爲，這樣的連接或因，既在時間中，必定受一切暫時存在的法則所制約，所以被它以前的另一連接或因所決定——是與原來的假定相矛盾的。

假定有一世界的絕對必要的因，存在於世界之外，這個假定也自己破壞自己。因爲，既在世界之外，它就不在時間之中。但既要作爲一因而活動，它一定要在時間之中的。所以，這個假定是不合理的。

在這四個二律相悖中的諸定立，構成了哲學獨斷論（philosophical dogmatism）的學說。這些反定立構成哲學經驗論（philosophical empiricism）的教條。

四、神的存在之主要論證之批判

本體論的論證（ontological argument），其目的在於斷言，思考一個「成爲現實」（ens realissimum）的觀念，即擁有一切眞實性的觀念之可能性。但，存在的觀念與存在的事實，是兩件極不相同的事物。凡我思考的、或清楚想像的，我必然當它像是存在的。雖然我的錢袋是空的，我可想它內藏有一百個銀幣。如果我想它們在袋裡，我只能當它們確實是存在那裡的。但是，我有作如此想之必要，絕不表示有錢幣確實在我的袋裡之必要。那只能由經驗去決定的。

宇宙論的論證（cosmological argument）主張，若有什麼事物存在，就一定也存在一「絕對必要的實有」。最少，我自己是存在的。因此，「絕對必要的實有」是存在的。這論證與第四個二律相悖的定立，所依據的假定是相符的。對它的反駁，概括於第四個二律相悖的反定立的證明中。我們一旦認識了因果關係的正確概念，我們就已超越了可以感覺的世界。

物理神學的、或目的論的論證（physico-theological or teleogical argument），常稱作來自設計的論證。不是從普遍的經驗出發，而是從特殊的經驗出發。大自然揭示智慧意向與和諧秩序之多面表徵；而這些表徵就顯示有一神聖的設計者。我們對於這論證應常以尊重來對待。它是一切證明中最老與最明白的，最能折服芸芸眾生的理性。它激勵我們研究大自然。如企圖要減損這種具說服力的證據之權威，這企圖不僅是毫無樂趣的，且是徒勞無功。它的合理性與它的效用，是無從反對的。

但是，「神」的存在之一切論證，一定都要從特殊與唯一可感覺、或現象的資料著手，一定要只運用純粹的自然科學的概念，一定要以證明在可感覺的經驗中，一個是與「神」的觀念相合、或相應的對象作結束，然後這論證在學理上才是妥當的。但這項要求並不能滿足，因爲，科學地說，絕對必要的「神」的存在，不能加以確證，也不能否證。因此，在科學之外，遂留有任何道德信仰向我們見證之餘地。實踐的科學或實踐理性的科學——倫理學——所必須探討的，就是這個主題。

第十九章　實踐理性批判——康德

《實踐理性批判》發表於一七八八年，構成康德思想的中心焦點。它是介於《純粹理性批判》與《判斷力批判》之中間。康德在這本書中，爲基督教的眞理辯護；他之進行其證明，最先是建立靈魂的不滅，與「神」的存在之實證確認。此書也包括有關生活的「至善」（*summum bonum*）之論證，其特殊的目的在於顯示人類不應只求幸福，也應力求有資格接受那「神」所賜予的幸福；爲達此目的，就應絕對遵守道德的法則。

〔此書據譯者所知，尚未有中譯本。〕

一、實踐理性的分析

實踐的原理，是包含意志普通決定的命題。它們，當其表達個人的意志時，是準則、或主觀的命題；當它爲一般有理性的人類其意志的妥當表達時，是客觀的。

實踐的原理，如以慾望的對象爲其前提條件，它們是經驗的、或實驗的，且不能提供實踐法則。在實踐法則的領域中，理性影響意志，並不以苦或樂爲中介。一切有理性的人，必然求享幸福，但他們對於達到幸福之手段、或享受幸福之對象，意見並不一致。要發現任何法則，使所有的人都帶來和諧，是絕對不可能的。

實踐理性的問題之一，是尋求那必能決定意志（假定意志是自由的）之法則。這個問題的解答，要在遵循道德法則的行爲中去找。我們的行爲，應使我們意志的準則，能經常像一普遍立法的原則那樣的妥當。經驗明示道德的意識如何決定意志的自由。

假定有人嗜好感覺上的愉悅，致不能抗拒流於放縱的引誘。若在他受引誘的地方，築一絞臺，當他滿足其情慾後，立即被絞死，他是否能控制他的嗜好呢？他的答案爲何，我們不需懷疑。

但，試問他，如若他的政府，命令他去做不利於一個體面人物的假見證，不從則處以死刑，他是否能戰勝他對生命的愛呢？他或許不敢說出他的選擇是什麼，但他一定承認是有選擇的可能。這樣，他判斷說他能選擇去做一件事，因爲他意識到道德上的義務，因此他承認他自己對於那件事，有意志的自由；但至於道德法則，這意志自由是從未意識到的。

如果我們以個人一己的幸福，爲意志決定的動機。我們就正違反道德原則。這個矛盾不單是合邏輯的，也是實踐的。因爲如若意志不能清楚聽從理性，即使對最正常的人而言，道德就完全毀滅了。

若你的一位朋友，他在做不利於你的假見證之後，企圖要證明他卑鄙的行爲是正當的，列舉他自己因此而獲得了種種的利益，並說他這樣是盡了一件眞正人類的義務，那麼，你或是因蔑視嘲笑他、或是因恐懼而離開他。可是，如果一個人爲他自己的自利的目的而行動，你對這種行爲，一點也不反對。

道德與幸福

自愛的準則（maxim of self love）只是勸戒我們；道德的法則（law of morality）卻要求我們。我們被勸去做，與我們必要去做，其間有極大的差別。實踐的法則皆不能基於幸福的原則──甚至普遍幸福的原則──，因爲這種幸福的知識，只是根據經驗的或實驗的資料，各個人對幸福的觀念只受制於他個人的意見。所以，這幸福的原則，不能制定那爲一切有理性的人物所遵行的規範。

但道德的法則，要求每一個人都立即遵從，這樣，連智力最平常的人也能辨別什麼事是應該做的。每一個人都有能力可以遵從道德的教條，但如要滿足幸福的空泛告誡，即使只有一個目標，也很難滿足的。沒有什麼比「人人都應使他自己幸福」這個要求更不合理的，因爲任何人用不著命令，別人去做他必定想做的事。最後，在我們的實踐理性的觀念中，有某些事物是伴著道德法則的違反──即過失──，並意識到懲罰是自然的結果。所以，在實踐理性的觀念中，應透過道德立法的原則，將懲罰與犯罪相聯起來。

原理的分析

決斷力實踐的物質原理，構成道德的基礎；這些原理可以分類爲：

1. 主觀的——外界的：教育、政治組織；
　　　　　　內在的：肉體的感覺、道德的感覺。
2. 客觀的——內在的：完善；
　　　　　　外界的：「神」的旨意。

主觀的要素都是實驗的、或經驗的，不能作爲道德的普遍原理，雖然有許多著者如蒙旦（Montaigne）、孟第維爾（Mandeville）、伊比鳩魯，與哈欽遜（Hutcheson）把它們作爲道德的普遍原理來討論。

但，客觀的要素，如沃爾夫（Wolf）與斯多噶學派（Stoics）、克魯斯（Crusius）與其他神學道德家們所闡明和宣揚的那樣，是基於理性，因作爲萬物的一質性之「絕對完善」（即，「神」自己）只能以理性的概念（rational concepts）去思考的。

完善的概念，在實踐意義上，是某一事物對各種目的之適當性。作爲人類的一種質性（所以是內在的），這只是才能，而完成它的是技藝。但在實質中最高的完善，即「神」自己，所以是外界的（從實際上想），是此一實有對於一切目的之適當性。上面所區分的一切原理都是物質的，所以，永不能裝備成最高的道德法則。連「神」的旨意也可作人心智的一個動機；因爲人企望從「神」的旨意得到幸福。

所以，純粹理性形式上實踐的原理，堅決主張，普遍立法的單純形式，應構成意志終極決斷力的原理。這是唯一可能的實踐原理，足爲「直言命令」（categorical imperatives），即是，那使行爲變成義務之實踐法則。

從這個分析就可以知道純粹理性是不能實踐的。它能離開一切純經驗的要素，而獨立地左右意志。

純粹思辨的理性與純粹實踐的理性，其作用是明顯不同。在前一種——如在討論那個題目的論文中所指出——時間與空間之純粹可感覺的直覺，使知識成爲可能，雖然只是知覺對象的知識。

相反的，道德法則在我們面前帶來一個事實，這事實是知覺世界任何資料所絕對不能說明的。我們理性的理論運用之全領域，指出有一純粹悟性的世界，它甚至積極決定它，並使我們有點知道它——即，法則。

意志受支配之自然體系的法則，與受意志支配之自然體系的法則，其間的分別，我們是必須注意的。在前者，對象是那決定意志之觀念因；在後者，意志是對象之因。因此，意志的因果關係有其決定的原理，獨存於純粹理性的官能之內，故可以稱之爲純粹實踐理性。

道德法則是借助自由之因果律，所以是超感覺自然體系的可能性法則。它之決定意志，是藉由把普遍立法形式的條件加在其準則上，這樣，它就第一次能夠把實踐的眞實（practical reality）給予理性；否則，理性只繼續是先驗的，以其觀念進行思辨罷了。

這樣，道德法則就引起了一個巨大的變動。它把理性的先驗運用變爲內涵的運用（immanent use）。結果，理性自己，由其觀念，變成經驗領域中的一個「效因」（efficient cause）。

休謨與懷疑主義

最先對純粹理性攻擊的，可說是大衛・休謨（David Hume）。我自己對純粹理性的研究，是被其懷疑的學說引起的。他說，如果沒有經驗，不能知道此物與彼物之間的差別；這即是說，我們能夠**先驗**地知道，所以「因」的想法是虛構與幻想的，不過是因我們習於觀察到，某些事物常互相關聯而產生這個觀念罷了。

在這種原理，我們永不能達到因果關係的結論。我們永不能從事物任何已知的屬性而預言其結果。我們永不能說任何事件**必然**隨另一事件而發生；這即是說，它必定要有一個前因。我們甚至也永不能從大量的觀察導出一個規範。因此，我們一定要完全聽從盲目的機會，拋棄一切的理性，而這樣的投降相當於在一個堅固的城堡中建立了經驗論。

數學逃過休謨，因他認爲數學的命題是分析的，由各命題所包含的同一性，從一個解決進至另一個解決。但實際並不是這樣，因爲，相反的，它們是綜合的，其結果最終是有賴觀察者——他們是命題的普遍性之見證人——的同意。

我的研究，使我得到這樣的結論：我們所熟悉的對象絕不是事物本身，而只是現象，這些現象與經驗有某種連繫。所以，它們不能和那種連繫分開，是沒有矛盾的。它們只能由那種經驗才能被認識。我能證明關於經驗的對象之「因」的觀念之客觀眞實性，並證出它是源自純粹悟性，沒有實驗的、或經驗的來源。

這樣，我就先把懷疑主義的根源毀去，然後把懷疑主義本身也毀滅。這樣，對理論式理性就感知所抱的一切懷疑，以及休謨所宣稱，因果關係的概念含有絕對不可想像的某物，就都被推翻了。

善與惡

實踐理性的概念，我理解爲，是一個可能借助自由而產生的「果」這樣的對象在心智的表現。實踐理性的唯一對象是**善與惡**。「善」是必然欲求的對象，「惡」是必然憎厭的對象，在各場合都是理性去激發心智。

在通用的語言中，我們一致辨別「善」與「樂」、「惡」與「不樂」，「善」與「惡」是只由理性判斷的。對目的與手段關係之判斷，一定是屬於理性的。但「善」與「惡」常只是訴於「意志」，以理性的法則去解決，把某事物作成它的對象。

這樣，「善」與「惡」是和行動有適當的關係的，並不是和個人的知覺有關係。所以，只有意志的準則，結果是個人自己，能稱爲「善」或「惡」，而並不是事物本身。

斯多噶在被痛風猛烈衝擊下，感歎的說，「苦，我永不願承認你是惡」。他雖爲世人所嘲笑，但所說的話是不錯的。他所感到的，誠然是我們所稱爲壞的事物；但他沒有理由要承認，有任何「惡」就因而附在他身上，因爲「苦」毫不損及他個人的價値，只損及他的狀況。如果他在良心上有一欺騙之舉，這當然損及其靈魂；但「苦」若不是任何不義行爲所應得的懲罰，似乎只是使其靈魂更上升。

受制於純粹實踐理性之判斷規範是：自問你所擬的行爲，是否合乎自然法則體系——你自己是其一部分——你自己的意志可否視之爲可能的？在實際上，每一個人都以這個規範來判斷，行爲在道德上是「善」的抑或「惡」的。

二、實踐理性的辯證

靈魂的不滅

純粹實踐理性以「靈魂不滅」爲一公準。因爲在純粹與實踐意義中的理性，其目的在於「至善」，而這「至善」要假定靈魂不滅才可能。道德法則決定意志，而在他的意志中，心智與道德法則的完美協調是「至善」的最高條件。

我們本性的道德目的地之原理——我們只由不停的進步才能達到與道德法則完美協調——是有最大的用途的，不僅是可用以強化思辨的理性，但也可爲宗教之用。如缺乏了這個原理，或是道德法則被降低其神聖性，表現在我們耽於便利，或是人類致力於一個不能達到的目標，企望獲得意志的絕對神聖性，而迷失於與自我知識完全矛盾之狂熱的通神的夢想中。

一個有理性但有限的人，只能從較低級的完善不停地進步到較高級的完善。至於無限者，是不受時間的限制，在這無終止的連續中看到了與道德法則之完美協調。

神之存在

純粹實踐理性也一定要以「神」之存在爲公準，作爲達到「至善」之必要條件，既然是只能由意志與道德法則相協調，才能提升到「至善」，故這「至善」只有經「無限實有」——祂具有與道德相協調之因果關係——的最高權威才可能達到。但最高的衍生的「善」（有時稱作最好的世界）之公準，與最高的本原的「善」——或「神」之存在——之公準，是相符的。

我們現在可以知道爲什麼希臘人永不能解決「至善」的可能性之問題。因爲他們把人類意志自由，作爲幸福的唯一和一切充分的基礎，想像要達到那個目的是用不著有「神」存在的。只有基督教才提供一個完全滿足實踐理性的要求之「至善」的觀念，那個觀念就是「神國」。

基督教的法律所要求的神聖性，使其在本質上成爲無限的進步。但，正爲這個緣故，使人之希望永生是正當的。而且，只有從一個「無限的最高實有」，在道德上是完美的、聖潔的、善的，和有全能意志，我們能希望藉由遵守祂的意志而達到「至善」。道德法則指示我們以求達「至善」爲我們的義務。

道德法則並沒有指示我們使自己幸福，但教導我們如何成爲配享幸福。道德絕不能被視爲幸福的教條，或指導如何成爲幸福。道德的職責是教誨我們幸福的合理條件，而不是達到幸福的手段。「神」創造世界之設計，本意並不在有理性的人在世界中的幸福，而在「至善」，這在人類的慾望再加上一個條件，即配享這種幸福。這即是說，有理性的人類其道德是一個條件，只有它包括著人類所必遵守的規範，人類遵守了規範，就能希望分享全智的「創造主」手中的幸福。

與「神」的神聖性協調的，才是最高的幸福。這樣，主張「神」的榮耀是世界創造的主要目的，他們的主張是對的。因爲超乎所能想像的其他一切事物，榮耀「神」是全世界最可尊重的事情，重視祂的命令，遵守祂的法則，此外，祂的榮耀的設計在萬物中冠以極美好的秩序，以及與之相配之幸福。

結論

有兩件事物不斷地把新增的驚奇注入心智中——即，在我上面的群星燦爛的天堂，與在我們體內的道德法則。我用不著找尋它們，與空泛地猜想它們，好像它們是包藏於黑暗中，或隱蔽於無限的高處那樣。我看見它們在我面前，立即就把它們與我的存在的意識相聯。前者是從我在感覺的外在世界中，所占有的地位開始，擴大我與它的關聯至於無止境，世界之外還有世界，體系之外尙有體系。

後者是始於我看不見的自我，我的人格，置我於一個眞正無限的世界中，只經由悟性才能追溯到，我借悟性而知我是在一個普遍與必然的連繫之中，正如我與一切可見的世界相連繫一樣。

這種見解，把我藉由我的人格而成一知識分子之價值無限提高，道德法則向我顯示出一種脫離動物，甚至整個物質世界，並藉由天命終於達到無限。

但，雖然羨慕可以引起探討，並不能補償對它的缺乏，世界的思索，始於最華麗的奇觀，而終於占星學；道德始於人性最高貴的屬性，終於迷信。但一經應用理性於細心檢驗大自然現象，對世界的體系就確保一個明確和不變的洞悉。我們希望借理性的道德判斷之助，在處理我們本性的道德容量時，也可得到同樣「善」的結果。

第二十章　道德與立法之原理——

邊沁

《道德與立法之原理》（*Principles of Moral and Legislation*）出版於一七八九年，本來是作爲他規劃要寫的，涵蓋立法原理全領域的著作之入門書。他的立法原理是基於「效用教條」——即「最大多數人的最大幸福」——的原理。邊沁（**Jeremy Bentham**）認爲「效用教條」不單是立法的基礎，也是倫理的基礎。本書的目的既堅持立法原理的根基，同時以讓民眾能易於理解的態度來處理法律。

〔傑瑞米・邊沁生於一七四六年，死於一八三二年，是英國的一位政治學者與哲學學者。他的「功利論」對於後來的政治學與倫理學發生極大的影響。他所主張的政治改革如普遍選舉、國會每年集會、祕密投票、議員應有薪金等，有許多現在都已實現。他可說是自由主義哲學的先驅，此書爲其主要著作。就譯者所知，此書尚未有中譯本。〕

一、苦與樂之計算

人類是受苦與樂所統治的。任何事物之所以能使相關個人或團體幸福的，就是因為那事物具有效用。效用原理以效用為贊同或反對每一項行動之準矩（criterion）。行為合於該原理的，是應行的行為，或非不應行的行為；那行為是對的，至少，不是錯的。除「效用」外，不能再有其他的準矩，因別種準矩不能最終化約為個人的情操。

苦與樂之來源或拘束——有四：⑴物質的，在於大自然的通常進程；⑵政治的，官方所定的；⑶道德的或普及的，由公共輿論所定的；⑷宗教。苦，在第一項下的是災禍，在其他三項下的是懲罰。在前三項下，它們只涉及現世的生活。第二、第三，與第四項，其涉及生活，是經由第一項而產生作用的；但第一項卻不藉他項而獨自運作。

立法者必用的工具就是苦與樂；所以，他們一定要能估量苦樂的相對價值。苦樂的相對價值，主要和簡單地依於下列四者：強度、持續、確實或不確實、近或遠。其次是依於下列兩者：蕃衍（即，或因之而生相同的感覺）與純粹（不因之而生矛盾的感覺）。最後是依於範圍之大小——苦或樂受影響的人數。這一切合起來衡量，如果樂的傾向占優勢，那種行爲就是「善」的；反之，如果苦的傾向占優勢，那種行爲就是「惡」的。

苦與樂，或是單純的、或是複雜的——那即是說，可以分解爲幾種單純的樂，且可以列舉出來的；如那些感覺的、財富的、憐憫的、博愛的、怨恨的、連帶的、想像的。對同一種樂，各人的感覺程度並不相等。而同一個人的感覺程度，也因情況之不同而有差異。影響感覺程度之情況有好幾種——如：健康、體力、性別、年齡、教育；或爲身體的情況、心智的情況、癖好的情況。它們的影響，可以作一個大約的估計，但應盡可能契合實際來考量。

立法者與裁判者所要注意的是，苦與樂現存的因——但苦應比樂更爲注重——所欲阻止的禍患，所用以阻止禍患之懲罰——他們對於苦要有適當的分配，就應有一張完整的懲罰表，與影響感覺程度之情況表，以供參照。把這兩種表合在一起——以一種表爲基礎，最好是以懲罰表爲基礎——就可以得到適當刑罰的分類。

影響感覺程度之情況，其分析的概要，可以辨別出其爲次級的——即，並不是直接發生作用，而是藉初級爲媒介而產生作用的——如性別、年齡、生活地位、教育、氣候、宗教。其餘的都是初級的，是生而具有的——如，身與心的基本架構——或偶發的。偶發的是個人的或外在的。個人的，是關於一個人其身或心的偏好，或他的行爲。外在的，是與他有關的事物或人物。

二、人類的行為之分析

政府的任務，是以賞和罰——特別是懲罰那些損及幸福之行爲——來增進社會的幸福。行爲所應受罰之程度，是與其損及社會幸福之傾向呈等比；這即是說，以該行爲的損害結果之大小爲準的。討論影響苦與樂之產生時，根據的只是這種結果。意向，因包含其他的結果，一定也要考量。意向是依於意志的狀態，與對情況的了解狀態——察覺它們，或不察覺它們，或對它們有謬誤的認識。

所以，我們對每一種行爲必須考慮：⑴行爲之本身、⑵情況、⑶意圖、⑷隨伴著的意識、(5)動機，與(6)所顯示出來的普遍偏好。

行爲，有的是積極的，有的是消極的——即是，作爲與不作爲、或放棄執行；外在的或身體的，與內在的或心智的；及於他物的，即影響及於行爲者自己以外之他人的、或不及他物的；一時的或繼續的（只是重複，和習慣不同）。情況如果在因果關係上，與結果顯然是有直接或間接的關聯，那麼，是極重要的。它們或爲犯罪的、或爲脫罪的、或爲加重的、或爲證據的。

意向，可以只論行爲之本身、或也論及其結果——例如，你或許有意觸及一人，而無意藉此觸及致他斃命。但你因沒意識到該行動致不能意識到結果——雖然你想要這結果。結果或爲直接的、或爲間接的被意識到、或爲唯一所意識到的、或所意識到的並不止於此。意向之好或壞，是視所意識到的結果是好或壞而定。

但，這些實在是依於情況，而這些情況並不依於意向。最重要的是人對於情況之意識。情況並不是意志的對象，而是悟性的對象。如果他意識到這些情況及其重要性，其行爲是經過思量的；若沒意識到，其行爲是欠思量的。欠思量，或是因爲粗忽，或是因爲誤判。

在這裡，我們要指出，如果所意識到的結果是壞的，即使動機是好的，那種意向我們還是可以說是壞的；**反之亦然**。在這種意義上，意向也可以是無害的——這就是說，雖不是積極的好，也並不是壞。

至於動機，我們只指實際的動機而言，並不是那些純粹思辨的。這些動機，或爲內在的，或爲外在的；或爲**存在**（*in esse*）的事件，或爲預期的事件。直覺的動機是一內在的**存在**的動機——因預期苦或樂而激起的苦或樂。其他都相較久遠。

動機既然主要常是爲產生愉悅或阻止痛苦，而愉悅既然等同於「善」，而痛苦等同於「惡」，那麼，就沒有本身是「惡」之動機了。動機，如果是要使樂多於苦的。那就是「善」的；反之，如果是要使苦多於樂的，那就是「惡」的。這樣，任何和每一個動機，可以產生行爲或是好、或不好不壞的、或是壞的。因爲這個緣故，我們類別動機時，一定要只用中立的詞彙——即，不用那些與好有聯想的——如憐憫、榮譽——或與壞有聯想的——如色慾、貪婪。

動機當然是與前面所列舉的各種愉悅相應。它們可以照它們的結果之常爲好的、壞的，或不好不壞，而類別爲好的、壞的，或不好不壞的。但是，這種分類的危險是顯而易見的。實在，我們除了在特殊的事情之外，是不能確定動機之好、壞、或不好不壞。

較適當的分類是把它們區分爲社會的——包括善良的意志、愛名聲、好交友、宗教；反社會的——不滿；自顧的——肉慾、愛錢、愛權、自保。

在這一切的動機之中，善良意志的支配是最與效用相符的。因爲效用與最廣泛又最經思量的善良意志完全相應。可是，即使在這裡，也許有不相應的，因爲對一群人的仁慈，也許與對另一群人的仁慈相衝突的。其次是愛名聲，它較不安全，因爲它也許流於禁慾與僞善。第三是好交友，擴大友愛的範圍是極可貴的，但也會衍生僞善。宗教應該居第一位，如果我們對於「神聖的善」有正確的理解。但當我們認爲「神」是惡毒的或善變的，宗教就不是第一位了。事實上，我們對「神」的概念是受我們個人的偏見所左右的。

自顧的動機通過假設（ex hypothesi），它們與效用的關係，其密切不及社會的動機，而反社會的動機顯然是居於末位。關於任何一行爲，各種動機也許是互相衝突的，有一些動機是推向它的，有一些動機是背向它的；任何一動機都會與任何別的發生衝突。

我們在後面就會看到，某一動機在某些犯罪事件中，是極端重要的，在別些事件中，卻完全不足輕重；在某些事件中，是很易判斷的；在別些事件中，卻不可能。

三、懲罰的原理

所以，好或壞是不能以動機而斷定的。一個人，當受某一種動機所驅使時，他的好或壞，是他的偏好（disposition），或心智的常態（permanent attitude of mind），如以其對社會所造成的後果，來判定其好或壞，所要考慮的是其對⑴他自己的幸福，及⑵他人的幸福之影響。如有害於他人，立法者就要加以注意。一個人若明知其爲壞而行之，那麼，他的偏好就可說是壞的。在這裡就涉及「意向」與「意識」。

如行爲的傾向是好的，動機是社會的，那就表示偏好是好的；如傾向是壞的，動機是自顧的，那就表示偏好是壞的。若不是這樣，好或壞偏好的徵候，是極靠不住的、或不成立的。現在，我們的問題是要估量一個人偏好的敗壞程度，可定義爲他意向的總和。意向的因是動機。社會的動機或可稱爲守護的動機，因爲其旨在阻止有害的意向。但，任何動機都有時可成爲守護的動機。好逸、自保的慾望，形成對懲罰之懼怕時，也可成守護的動機。

我們現在就可以看出：一個誘惑的力量，是等於催促動機之總和，減去守護動機之總和。所以，一個人愈常處於守護動機，他就愈不易受誘惑；換一句話說，他偏好的敗壞程度較小。所以，如果誘惑的力量是已知的，偏好有害之程度就是行爲所表現的有害程度。如果行爲所表現的有害程度是已知的，誘惑的力量愈小，偏好的敗壞程度就愈大；但，誘惑的力量愈大，敗壞之證據就不很確實。因此，刑罰應該增加——這即是說，除懼怕外，應該人爲加強對懲罰的懼怕，加強之程度應隨誘惑的力量而增。

我們現在要討論結果。行爲的危害是其有害結果的總和；有害結果有初級的與次級的。初級的危害可再區分爲原有的，即最先受害者；與衍生的，即其直接結果所損害的人，無論是由於他們的利益，或是只由同情。

次級的危害，最受其影響的並不是特殊的個人，而是社會。這種危害是實際的危險，或驚恐——對於痛苦之憂懼。因爲行爲的發生，指出有重複發生之可能；削弱政治與道德拘束的影響。一個行爲，其初級的結果雖是有害，但其次級的結果也許是有利的，合起來其利多於害——如，犯罪的合法懲罰。影響驚恐與危險的次級危害情況，是意向、意識、動機，與偏好；危險依於心智的實際狀態，而驚恐是依於心智的表面狀態，雖然實際狀態與表面狀態，相符的時候多於相異。

在完全有意與完全無意的行爲之中間，還有許多不同的級數，依於意識的程度，如前面所說明的。動機的高尚並不能抵消行爲的有害性；反之，也是這樣。但危害可因動機之壞而益增其危害，因爲這表示其重複發生之可能性較大。

懲罰，本來是有害的，如果無根據、無效果、無利益，或不需要，它就是不適合的了。懲罰，如果是事後的、或越法的、或祕密的；或是對無責任的人（包括醉漢或狂人）之懲罰；對行爲並不完全出於有意、或對行爲是實在或操作上出於被迫之懲罰；——這種懲罰是沒有效果的。在普通的情形，懲罰的「惡」若大於犯罪的「惡」，那麼，這種懲罰是無利益的。如果不用懲罰，而用別的手段，也可以達到目的，那麼，這種懲罰是不需要的。

立法者的目的是：⑴防止所有危害、⑵減少從事危害的傾向、⑶使防止的代價低廉。所以，⑴對犯者而言，懲罰一定要比其犯罪所得的利益爲大；⑵危害愈大，用於防止危害之用費就愈值得花；⑶有害程度不相同的危害，如「搶劫」與「殺人劫物」，其處罰不可相等；⑷懲罰一定不可過度，所以該顧及那些影響情感之各種情況；⑸也要考慮到懲罰因久遠而薄弱，與習慣之推動力。

懲罰必須具備下列的各種性質，以適應特殊的犯罪事件：⑴數量上要可變的，使其不至於過度或不及；⑵平等，使其在同程度上應用時，它會生出同等的痛苦——

如，放逐對某甲是非常痛苦，對某乙是少許痛苦；⑶與其他的懲罰是能較量的；⑷特殊性、或適當性；⑸鑑戒性——它必不可看起來少於事實上的；⑹儉約——它所造成的痛苦，絕不可爲浪費的。可欲性較低的性質是：⑺有益於性格的變革；⑻對使其不能危害是很有效率的，⑼有益於賠償的；⑽通俗性，即，得一般人的許可；⑾可赦免的。

四、犯罪的分類

犯罪——即，可予以懲罰的行爲——是由社會所定的；雖然，除非它背離效用，就不該算爲犯罪，但有時無背離於效用也被視爲犯罪。它是被假定爲一有害的行爲，所以是損及某個人或多數人的，或是犯罪者自己，或是其他可指認的個人，或是指認不出的個人。

損及犯罪者本身以外的可指認的個人，是第一級的犯罪；損及多名個人之犯罪、或私人的犯罪、或私人超出自保的犯罪。第二級的犯罪是那些半公共犯罪，這即是說，並不是損害可指認的個人，也不是損害社會全體，而只是損害社會中可分開來的團體，如，一階級或一地區。第三級是那些僅與自保有關的；第四級是那些損及全體社會的；第五級是那些多樣性的或異類匯總的，包括作僞與背信。

第一級的，可以再分爲損害(1)個人、(2)名譽、(3)財產、(4)條件——即，對個人或許多人可資利用的、(5)個人及財產、(6)個人及名譽。

第二級的半公共犯罪，是危及一部分社會的行爲，或由於災難、或只由於失職。後者可以照私人的犯罪那樣類分。第三級的，與自保有關的犯罪也是這樣。

第四級的公共犯罪，可以分爲十一種：(1)損及外在的安全——即，由外而來的；(2)損及正義——即，正義之執行；(3)損及警察的防罪分部；(4)違反公共的武力——即軍事的控制；(5)妨害國民福祉的增進；(6)損及共眾的財富——即，國庫；(7)損及人口；(8)損及國民財富——即，人民的富裕；(9)損及主權；(10)損及宗教；(11)損及國民一般利益。

第五級的，作僞包括單純作僞、僞造、冒名，和僞證，也可像私人的犯罪那樣分類。關於信託的事件，有兩造——受託者與信託收益人。這項目下的犯罪，有各種理由，不能把它們歸於損害財產或條件之犯罪，而它們也應互相分開。關於信託的存在，對受託者的犯罪有兩種：⑴信託之錯誤的不投資，與信託之錯誤的中斷，其中受託者地位有其利益；或⑵信託之錯誤的委任。對信託收益人之犯罪也相同。關於信託之運用，有消極的背信、積極的背信、信託之濫用、信託之妨害，與賄賂。

我們現在可以把第一級的犯罪——損害個人的犯罪——分為若干**類**（**genera**）；要與別級一樣做，是多餘的。損害個人的單純犯罪，是涉及他實際個人，身或心，或影響他幸福之外在對象的行動。這些行為之實施，或經由意志，或不經由意志。在前一種情形，或由於強迫，或限制、拘禁，或放逐。不論在哪種情形，其結果或致命的、或不致命的；如果不致命的，當其為肉體上的時候，或為能恢復的傷害、或為不能恢復的傷害；當其為心靈上的時候，是忍受痛苦。那麼，其表單是——單純的與不能恢復的肉體傷害、單純傷害的限制或強迫、錯誤的拘禁或放逐、殺人或恫嚇、實際或憂懼的心靈上傷害。

損害名譽的犯罪，其**類**有二：⑴誹謗、⑵詆譭。損害財產的犯罪，其結果是單純的，無論由於背信或其他，其**類**是：錯誤的不投資、中斷、奪取、霸占財產投資；錯誤的業務制止、破壞、占據，或扣押、挪用、盜取、欺騙、勒索。

合併損害個人及名譽的綜合犯罪：肉體的侮辱、侮辱的恫嚇、誘拐、與強制的誘拐、單純淫蕩的傷害。合併損害個人及財產的綜合犯罪：強制的中斷、奪取、霸占投資、或破壞財產、強制占奪動產、非法侵入（住宅）、強制扣留不動產、搶劫。

損害條件的犯罪：或爲家庭的條件、或爲政治的條件；家庭的關係，或純爲自然的、或純爲制度的、或兩者混合的。第一種，我們只涉及婚姻的、父母的，和子女的關係。第二種，是主人與奴僕、監護人與被監護人之關係。在主人與奴僕之場合，其項目與損害財產的犯罪項目極相似。未成年人與精神異常的人，是需要保護的；犯罪的項目也相類。父母與子女的關係，是受制度所影響的，包括主人與奴僕，以及監護人與被監護人兩種關係，所以，犯罪也是相應的。

夫與妻之關係，也包括主人與監護人，對奴僕與被監護人之關係。但婚姻的契約，尚有其他互惠的主旨；在基督教國，多妻制與通姦是被婚約定爲犯罪，與夫婦權利之拒絕行使。

我們從家庭條件轉入政治的。把那些可以歸入信託與家庭條件之範疇的都除去，所剩下的是，受益的權力對事物所規定的條件，受益者的物權、服務權，與相應的義務；它們與財產之間並沒有明確的界限，但我們可以把它們視爲可分開的。如等級與職業，必然附有特殊的義務與權利——這一些並不是財產，而是條件；而異於法律所賦予的其他獨占權利，有關可售的物品（例如，版權），並不是條件，而是財產。所以，「歸化」（naturalization）把在地生長的國民之條件讓與入籍者。

公共犯罪，其分類同於私人犯罪。

我的目的是要使人看得懂，而又使其正確。專門術語使人看不懂，反之，通俗詞彙又不很正確。所以，前面分析之計劃是，把可能的犯罪之總數所構成的整體邏輯，從愈多且必要的方向細心研究，要做到使每一個觀念都能以流行的用語表達出來。如此，對各國的法律關係，都可同樣應用。

這個方法的優點是：便於記憶，給普遍命題留有餘地，指出法律之理由，而且可應用在各國的法律。所以，我們能夠列出五級犯罪的特性。私人犯罪，主要是損及可指認的個人，能賠償或報復等；半公共的犯罪，並不損及可指認的個人，且與自保犯罪同是不能賠償或報復的；對於各級的犯罪，可以再加一系列的通則。

刑法學與私人倫理間之關係是必須弄清楚的。兩者所關切的，都是幸福之產生。一個人的私人倫理，是關於對他自己的義務與對鄰人的義務；愼重、正直，與仁慈。那些不受懲罰之事件，都屬於倫理範圍，但在法律範圍之外；至於那些「無根據的」事件，則在倫理範圍與法律範圍之外。那些案件其懲罰是「無利益的」或「無效果的」，尤其是那些關於慎重的，是歸入私人倫理的特殊範圍。仁慈的規範，也是如此。但可以強制使仁慈的程度比目前大一些。但，立法的特殊領域是在於正直。

法學的著作，或是解釋的，解釋法律是什麼；或是批評的，指示應該怎樣。或關於一地方性的法學，或關於普世的法學；但，如果是解釋的，就只能為一地方性的。或為國內的，或為國際的；如果是國內的，或為一國的，或為一省的，或為歷史的，或為現存的；可以分為成文法與習慣法、民法與刑法。

第二十一章　人權論——佩因

雖長久被視作暴力革命家，佩因（Thomas Paine）或許被形容爲理想的激進分子更恰當。當他任法國國會議員時，他是贊助吉倫特黨（Girondins）的。他兩篇《人權論》（*The Rights of Man*）（一七九〇和一七九二年）強力主張民主原則勝於喧囂無產階級教條。本書是回應柏克（Edmund Burke）《法國革命論》（*Reflections on the Revolution in France*）的民權黨員雄辯。佩因在這兩篇著作眞心、誠懇和充滿活力的表達和合理化，啓發法國大革命的理想。遣詞用字的清晰和力道，使佩因的論文成爲英國激進派的信條，這些激進派一視同仁的教育，不允許他們欣賞柏克更具知性文章的繁華詭辯術。

〔湯姆士·佩因生於一七三七年，死於一八〇九年。本爲英國人，在一七七四年移居美洲。一七七六年發表其小冊子《常識》（*Common Sense*），贊同殖民地的完全獨立。在美國獨立革命時，他加入美軍。一七八七年在英國，因發表人權論，而亡命法國。一七九二年被舉爲法國國會議員。因與羅伯斯庇爾派（Robespierre）衝突，於一七九四年被禁於盧森堡，十一個月後才得釋放。他於一八〇二年回美國，死於紐約。他的重要著作，除《人權論》之外，尚有《理性時代》（*The Age of Reason*），是反對「默示的宗教」（Revealed Religion）的。此書，就譯者所知，尚未有中譯本。〕

一、自然權利與民權

國家或個人其粗魯舉動之挑撥、或激怒他國或他人的，以柏克（Burke）的論「法國革命」小冊子是一個非常的例子。凡英語中所有謾罵的侮辱語句，少有不被他用來罵法國與國民議會的。當做政治的論辯看，他的著作是無邊無際的隨意狂想曲，隨便主張，卻提不出證據或理由。

國民議會所頒布的「人權宣言」，是法國憲法的基礎，他一本侮辱常態，謾罵這「人權宣言」。但他是不是否認人有任何權利呢？如果他否認人有任何權利，那麼，不論在什麼地方，是沒有「權利」這樣的事物的，因爲世界中除了人之外還再有什麼呢？但，如果柏克承認人有權利，那麼，問題就成爲：那些權利是什麼？其來源是怎樣來到人的？

有的人，以古代關於人權的先例爲其推論的根據；他們的錯誤是在於他們追溯不夠遠；他們到中間階段就停住了，而以當時的做法來當現代的規範。

例如，柏克以爲，英國國民是應永遠受他們的君主之統治的，因爲英國國會曾經向威廉與瑪麗臣服受其統治，不只是代表那時的人民，而且代表他們的子孫和後代接受——好像國會是有權利可以束縛與限制後代子孫，或有權利可以一直指揮未來的世界應如何統治。

如果古代是權威，那麼，這樣的權威有許許多多，可以不斷地列舉出來，而它們是互相矛盾的；但如果我們繼續向前追溯，我們最後就達到正確的結局；我們就到了人剛由其「創造者」造成的時候。那時，他是什麼呢？人！「人」是他最高和唯一的稱號，不能給他更高的稱號。

一切的創造史，都同意建立這一點：人是一致的。「人是一致的」這句話，是指：所有的人是同一程度的，生下來都是平等的，具有同等的自然權利。那些自然權利是他們所有民權之基礎。

對於這一點，可用幾句話來解釋。自然權利是人生存所具有的權利。屬於這一類的，是心智之權利，與個人爲求自己幸福（但不損害別人自然權利）之行動的權利。民權是人作爲社會的一分子之權利。每一種民權，都以某種自然權利爲基礎；那種自然權利是早已爲個人所有的，但要享受那種權利，他個人的能力不論如何是不夠的。那些關係到安全與保護的，都屬於此類。

因此，從自然權利的加總所產生出來的權力——它在個人的權力中是不完全的——不能用之以侵害自然權利。自然權利是個人所保有的，而且，執行這些權利之權力，與權利之本身是同樣完整的。

我們現在把這些原理應用於政府，可以包含在三個項目下：第一是迷信；第二是武力；第三是社會的共同利益，與人的共同權利。

一群狡猾的人冒稱與「神」相通，他們與「神」的交往是和他們現在登上歐洲宮廷的後門樓梯一樣熟悉；當在這樣的時期，世界是完全受迷信所統治的。這樣的政府是與這種迷信相終始的。

其後，征服者的競逐興起，他們的政府，如征服王威廉，是建立在武力上的。這樣建立起來的政府，是與維持政府之武力相終始的；但，他們可以利用各種有利於他們的工具，他們把欺詐與武力結合起來，造出一個偶像來，稱之爲「神權」（Divine Right），後來又把它改成另一個偶像，稱之爲「教會與國家」（Church and State）。聖彼得的鑰匙與財庫鑰匙互相瓜分，而不可思議受騙的群眾，卻崇拜這項發明。

我們現在要來檢討那從社會萌生的政府。如果我們追溯政府的起源，我們就看出政府之產生，若不是**出**於人民，就是**超**乎人民。在那些從人民產生出來的政府中，個人自己，每一個人都有其個人權利與主權，他們訂立契約而產生一個政府。這是政府有權利產生的唯一方式。

這契約是憲法，而憲法不能只是空名，而是實在的事物。不論在什麼地方，如果憲法不以可見的形式產生，就沒有憲法。憲法是在政府之前的事物，政府不過是憲法所創造的事物。一國的憲法，並不是其政府的行爲，而是組成其政府之人民的行爲。

那麼，柏克能炮製出英國的憲法？他並不能，因爲沒有這種事物，也從來就沒有這樣的事物。英國的政府是許多出之於征服之政府中的一個，並不是出自社會，所以是超乎人民的；雖然在征服者王威廉以後經過了許多的改革，英國還沒有重生，所以，沒有憲法。

二、法國與英國之比較

我現在把法國的憲法與英國的政府慣例相比較。

法國的憲法說，每一個每年納稅六十蘇（Sou，為法郎二十分之一）的人，是一個選舉人。柏克以什麼來與此相對呢？能有比英國選舉人的資格限制更嚴，同時也是更善變的嗎？

法國的憲法說，國民議會每兩年選舉一次。柏克以什麼來與此相比呢？英國國民對此是完全無權的，而政府能隨意決定選舉的年期。

法國的憲法說，宣戰與媾和的權利是在於國民。這種權利如不屬於那些負擔戰費的人民，要歸屬於誰呢？在英國，這種權利是歸屬那陳列於倫敦塔，每人付六便士或一先令就可看到之隱喻物。

很有理由可以說，這樣代表英國國民，在某種意義上，並沒有示出權力之所歸屬，屬於國王呢？或屬於國會呢？不論在哪一國，凡參加於公款之分配與費用的，都可由戰爭而得利。回顧英國政府的歷史，不偏不倚的旁觀者一定要說，並不是為戰爭而徵稅，而是為徵稅而戰爭。

法國的憲法說，「沒有爵號」，因此，「貴族」也就除去了，而貴族也高升為人了。

爵號不過是綽號，而每一個綽號也都是爵號，它本身是完全無害的，但它是人格的一種浮誇，貶低了人格。如果不是爵號的品行不端爲它帶來了危害，它們是不值得予以嚴厲和正式毀棄的。法國的憲法之反對貴族院，有什麼理由呢？我們就來檢驗。因爲，第一，貴族政治是靠家族專制與不義來維持，因長子承繼法是非自然的和極爲不法的。

第二，因爲「世襲的立法者」這個觀念，是和「世襲的法官」或「世襲的陪審員」同樣的矛盾；是和「世襲的數學家」或「世襲的智者」同樣的不合理；是和「世襲的桂冠詩人」同樣的荒謬。

第三，因爲這一群人既不對任何人負責，就不應得到任何人之信任。

第四，因爲它是延續那建立在征服之上的不文明政府原理，與延續那卑下的觀念，認爲有些人可以把另一些人作爲財產而占有，並以個人的權利統治之。

法國的憲法也廢除或捨棄，信仰自由與宗教壓迫，而建立普遍的信仰權利。信仰自由並不是宗教壓迫的對立物，而是它的模仿物，兩者都是專制的。一個是以爲它有權禁止信仰自由。一個是以爲它有權賦予信仰自由。你是什麼東西！不足道的塵與灰！不論你的名稱是什麼，國王、主教、教會、國家、或國會、或任何別的事物，你憑什麼把不足輕重的你插身於人的靈魂與其「創造者」之中間？你顧好自己的事吧！

如果他所信仰的並不同於你之所信，這證明了你所信仰是異於他之所信，世上沒有什麼權力能決定，你與他誰是誰非。

在各國，人們對政府的意見是轉變極快的。美國革命與法國革命射出一線的光明，普照著全世界，而達到於人。「無知」是有一種特殊的性質；一朝被驅散，就不能再行恢復。「無知」本來並不是一件獨立的事物，只是知識的缺乏；雖然人會停留於無知，但並不能使人成爲無知。

當我們調查在君主和世襲政府下的人，其悲慘的狀況，他被一種權力從他的家裡拉出來，或被另一權力所驅使，租稅之使他貧乏有甚於仇敵，就很明顯看出這些政府體系是壞的，政府的原理與構造，是有進行普遍的革命之必要。

在人類的啓蒙階段，是不難看到世襲政府是瀕臨傾滅的。而那發自「國民主權」與「代議政府」廣泛基礎之革命，在歐洲已踏步前進。與其等革命由暴亂而爆發，不如促其透過理性與協調方式來產生；這一定是個有智慧的辦法。

三、舊體系與新體系

最危害革命之成功，是在它們所根據的原理尚未成熟之時，就企圖實現它們，若在革命理論成熟之後才實現，是有許多利益；這已被充分理解。任何事物牽涉到一個國家的情況，幾乎都被吸納和混淆在「政府」這個普遍與神祕的字詞之下。所以，在當前革命的時代，對哪些是政府的結果，與哪些不是政府的結果，予以辨別，是有點用處的。

統治人類之命令，有大部分並不是政府的結果，其來源是社會的原理與人類自然的體質。人之互相依賴與互惠利益，與文明社會各部分之互相依存和互惠，造成一條鎖鍊使其合在一起。

文明愈完善，對政府的需要愈少，因爲它愈能管理其自身的事務及管理自己。社會的主要法律，都是自然的法則。人之所以遵守這些法則，是因爲有利於當事人如此做，絕不是因爲他們的政府頒布了任何正式的法律。但對社會之自然偏好，常被政府的運行所擾亂或摧毀啊！

世界已有的那些政府，都是由完全違背神聖與道德的原理，而不是任何其他方式開始的。現在所有的舊政府，其起源之不明不白，隱含它們始於邪惡與無恥。

舊體系的政府是奪取權力以謀自身的擴大；新體系的政府是權力之委託，謀社會的共同利益。舊政府是世襲的，有的是全部世襲，有的是一部分世襲；新政府完全是代議制的。它拒絕一切世襲的政府：第一，因爲世襲政府是對人類的一種欺騙；第二，因爲世襲政府與政府之所以必要之目的是不相配的。

一切世襲政府，在本質上是專制政治。傳承政府是把人民視爲牛馬一樣傳襲給後人。國王之繼承並不像有理性的人，而是像動物。它並不彰顯他們的心靈或道德的性格之高尚。君主政府體現的，是小孩、是老弱、是昏瞶各種特性；有的需人撫養、有的需人牽著繩子、有的要扶拐杖。簡言之，政府的形象沒有比世襲的來得更荒謬。

代議制體系以社會與文明爲其基礎；而以人性、理性，與經驗爲其指導。原始單純的民主政治是自我統治的社會，並不借助次級的手段。把代議制灌入民主政治，我們就得到一種政府體系，能包含及聯合所有各種利益，和各個領土所及的地方與人口。這種政府比世襲政府優越得多，正如文壇之優於世襲的文學。

在考量政府唯一可以出現的時機，是政府應被視爲一個國民協會，要構造得如在其中某部分，發生任何意外的事變，也不致使政府陷於失序，所以，對任何個人不應給以特別的權力。君主政府如果它不保護各種濫權，是不能存在於世界到這麼長久的。它是最大的詐欺，庇護一切其他的詐欺。它容許一些人參與分贓，因而得到了一批朋友。當它停止這樣的行爲時，它就不再是廷臣所崇奉的偶像了。

爲立憲自由之永久保障與進步而設的，一個最大改進是，新憲法規定了憲法能不時加以修改、變更和修正。現在所能制定的最好憲法，也許要花好幾年，才會更好。人類對前所未見的政府這個課題——會迎來理性的曙光。

四、英國的改革

普遍改革之前景，必然要把英國包括在內的，所以，探討英國政府的缺點，是很適當的事。只有每一個國家改革其自身，整個的世界才能改進，而得享改革之全部利益。

在一個被稱爲文明的國家中，我們看見老年人走進救濟院，而年輕人上了絞架，那麼，其政府體系一定是哪裡出錯。爲什麼受處決的人都是窮人呢？這事實是他們的生活條件困苦的一部分證據。他們的養成，是沒有道德的訓練；他們踏進世界，是沒有前途的；他們就成爲選擇和法律殘酷之犧牲品。

英國政府的第一個缺點是那些哥德制度——城市團體——的弊害。英國的國會，有一院的大部分議員是由這些團體選舉出來的，因此，它的弊害不過是它原來的弊害之延續。

第二是貴族政治。貴族院不過是把這許多人結合成爲一個利益共同體。一個立法的議院完全由地主組成，其所持的理由，並不比議院應由釀酒者、烘焙者或任何其他層級組成之理由，來得較充分的，地主有什麼權利，要在代表國民普遍利益之代議機關之外，獨有一個代議機關呢？

第三，是所謂國王。它代表一個每年花一百萬鎊的有名無實的職位，其職務就是接受這一筆錢。不論在位的人物是智或愚，是清醒或癡狂，是本國人或外國人，都不重要。

我現在要討論減輕租稅的負擔之問題。現在所徵收的稅額約一千七百萬鎊，其中有九百萬鎊是用以支付國債的利息；有八百萬鎊是用以支付每年的經常費用。

隨著法國革命發生，英、法兩國可以趨於和諧，雙方都放棄宮廷的陰謀，而治理科學的知識又有進步，所有情況連在一起，那麼，每年的費用可以削減爲一百五十萬鎊，以供海、陸軍的軍費及政府間的開銷。

假定政府每年正當開銷，有一百五十萬鎊就足夠維穩，那麼，每年尚剩有六百多萬鎊。這一筆剩下來的款項要怎樣處置呢？

第一步是把濟貧稅（poor rates）完全取消，而把稅款退還給貧民，其數額是等於現在濟貧稅額之兩倍——這即是說，在這剩餘的稅款中，每年要拿出四百萬鎊來。這一筆款要如此分配：貧人的家庭，每一兒童每年可得四鎊，以供其衣食，並提供超過一百萬兒童的教育費；超過六十歲的貧人，每人可得十鎊的年金，超過五十歲的，每人每年可得六鎊的年金；貧人的家庭每次生育兒女或結婚，可得一鎊的津貼；貧人外出求職而死於途中，其死地離他們友人極遠的，政府應津貼其喪事費；對都市中暫時的貧人，安排就業，這種救濟在鄉村是不需要，但在城市是必要的。

英國，以及歐洲全體，從沒有如美國革命與法國革命所產生的這麼大的機會。美國的革命是西方國民自由的擁護者，法國的革命是歐洲國民自由的擁護者。如果再有一國與法國攜手，專制與腐敗政府就不敢現形了。當下的時代，在將來就配稱爲「理性時代」，而目前的這輩人，對於未來的人類，就將成爲新世界的亞當了。

第二十二章　人口論——馬爾薩斯

這是最長期被歪曲的教條之一，馬爾薩斯（Thomas Robert Malthus）的中心理論最不道德的，莫過於年輕人應延後結婚，直至有能力養活一個家庭。閱讀這篇偉大論文時建議先瀏覽達爾文（Darwin），再看華萊士（Alfred Russel Wallace）就可感受到「物競天擇」作爲掙扎求存的觀念，在馬爾薩斯套用在人類身上，是如何的精彩顯示其必然的結果。本文以《人口論》（*An Essay on the Principle of Population*）爲題影響社會未來的改良，於一七九八年首度問世時是以匿名發表。

〔湯姆士・羅伯・馬爾薩斯生於一七六六年，死於一八三四年。他是英國古典學派的經濟學者之一，著作很多。他重要的著作除《人口論》外，尚有《地租之性質與進步》（*An Inquiry into the Nature and Progress of Rent*）發表於一八一五年，《政治經濟學》（*Principles of Political Economy*）發表於一八二〇年。

此書已有中譯本，譯者爲郭大力，世界書局出版。〕

一、抑制人口之總梳理

人口至少每二十五年可以增加一倍，而食物只能依算術級數增加，因此，人口的增加自然是常被食物缺乏所抑制。但，除了在饑荒的時候之外，這種抑制是不發生作用的。對於人口增加之主要的抑制是，道德約束、惡行與貧苦。

這些抑制雖或多或少的發生作用，但人口總有增加至超過維生物資之常態。人口增加既超過食物，工資就低廉，食物就昂貴，結婚率與生育率因而降低；低廉的工資使農業的企業增加，維生物資就又再度豐富。

食物愈多和愈廉，使結婚增加，人口也就加多，一直到食物再告缺乏：這種升降的變動，雖是不規則的，但總是見到，人口之增減總是繞著食物限度起起伏伏。

即使在野蠻人中，婦女的墮落、殺嬰、惡行、饑荒、戰爭，與疾病，是積極的毀人工具。但就一般而言，其平均的人口是極接近平均的食物限度的。

近代的游牧民族，壓低人口至維生物資的水準之主要的抑制是：沒有娶妻的能力、婦女的惡習、傳染病、戰爭、饑荒，及因極貧而引發的疾病。

在現代的歐洲，對人口之過度增加，也有類似的預防和積極的抑制，而這兩種抑制的比率是隨地而異的，在英格蘭與蘇格蘭，預防的抑制是極流行的。

一個受過充分教育的人，他的收入只夠使他側身於紳士行列。他確知如果他結婚而有一個家庭，就得捨棄他從前的各種往來。有教育的男人所擇配的女人，自然也是從相同優雅的環境成長的。一個男人能很容易同意，把他戀愛的對象安置於較低的社會層級嗎？在社會中降低二或三級，尤其是在梯子的末一級，教育告終而無知開始，一般人以爲這並不是妄想而是眞實的「惡」。良好的社交，必是自由的、平等的，與互惠的，把利益施於人，也受人利益，絕不是受扶助者與施恩者，或貧人與富人那樣的社交。

這種考量，一定使較好階級許多人不敢早婚。其他的，因爲他的判斷力薄弱，或情慾太強，忽視了這些考量；如果優質戀愛之滿足，不夠抵消它所跟來的「惡」而有餘，那一定是極艱難的。但是，那些面對這些考量而結婚的人，常在結婚之前愼思的預兆是合理的。

送貨員與農民的兒子，被勸誡要等他們有充分可靠的收入，足以維持一家的費用時才可結婚，因此，他們常到年紀很大才敢娶妻。每天掙十八便士或二先令的獨身工人，不敢貿然便把這一點點的收入供四五個人分用，因爲他看到了這樣就有陷於貧乏之危險。那生活於富家的僕役，更不敢結婚。他們的生活，比較是舒適與奢侈的；他們一結婚，就不能再享受了。

在大不列顚，自然的繁衍力並沒有完全發揮，可說還差得極遠的。但當我們思及勞動所得的工資不足以維持大家庭，以及從貧乏直接或間接引發的死亡率，再加以大市鎭中許多的兒童過早死亡，我們就不得不承認，如果每年出生的人數不是被這過早的死亡所大大削減，維持勞動所需的基金，其增加一定要比以前所增加的快得多，方能讓那些新增的人在成年時，找到工作與食物。

所以，那些獨身的與晚婚的人，他們這種行爲毫不使實際人口減少，而只是減少過早死亡的比例——若不是這樣，過早的死亡所占的比例一定太大——所以，從這點看起來，是不應受嚴厲的排斥或懲罰的。

生育對於人口的比例如果是大的，常被人視之爲國家活力和興盛的最確實表徵。但這是謬誤的。只是在大批的死亡之後，或在極特殊的社會狀況下，生育之占大比例，才是一個良好的表徵。在人口稠密的國家中，沒有一個表徵比生育占大比例更壞，也沒有一個表徵比生育占小比例更好的。生育之占小比例，是死亡率極小之最確定的證據，因爲人口之供需是常相符的。在專制的、窮困的，或自然資源不全的國家中，生育對於全人口之比例常是極大的。

在蘇格蘭，移居外國是其人口減少之重要原因。但這個原因一旦使人口減少，立即就由生育比例之增加將其中和了。

在愛爾蘭，人口之增減，其詳細情形少有披露。但，馬鈴薯的低廉、人民的無知，與憂鬱的、冷淡的生活狀態，使結婚增加，以致人口大大超出國家的資源，其結果自然是較低層級的人民陷於極貧窮和悲慘的地步。對人口之抑制，當然是以積極的抑制——這種積極的抑制是由悽慘的貧困所引起的疾病造成——爲主。近年來，除了這些積極的抑制之外，再加上內戰與戒嚴法之弊害與禍患。

二、人口與維生物資水準

上面所說的各種對人口的抑制，是人口增加遲緩之直接原因，而這些抑制，主要是維生物資不足的結果，我們只要當維生物資驟然擴大，這些抑制已大部分除去時，人口增加得較爲迅速一再發生，就可以明白了。有許多富饒的土地，只要費一點代價或不費代價就可獲得；這是人口增加的一個極有力的原因，一般能克服一切的抑制。英屬北美的殖民，能獲得許多廉價和有利可圖的土地，使其人口增加得極迅速，在歷史上是幾乎沒有可與其比擬的。這樣的增加，在不列顚不會出現，其原因是食物缺乏。食物缺乏是人口三種直接抑制中之最有效力的。在戰爭、疾病，與自然災害之後，人口立即增加，因爲食物供給除了供給那數目已減少的人口之外尚有餘剩。但，在食物不夠的地方，人口就不能增加了。

自從有世界以來，人口增加與減少之原因，大約是與我們所知道的任何自然法則一樣不變的。

兩性間的情慾，在各時代的表現是如此的一樣，致常可把它當做代數語詞的一個已知數。生活必需品的大法則，它阻止任何國家的人口，增加至超過其所能生產或所能獲得的食物，對我們的悟性是如此清楚和明顯的法則，致我們不能置疑的。

大自然抑止人口之過多所用的各種方式，對我們而言不是十分確切和規律；我們雖不能預言其方式，我們對於事實卻能作確定的預言。如果生育對死亡之比率，有幾年是增加至，超出那一國所生產或所取得的食物，我們就完全確知，除非是有居民移向外國，死亡數不久一定超過生育數，且在這幾年的增加，絕不是那一國人口眞實的平均增加。

如果沒有其他使人口減少之原因，而且如果預防的抑制不十分有作用，每一個國家毫無疑問，一定發生周期性瘟疫與饑荒。

任何國家人口眞實和永久的增加，其唯一的準矩是維生物資增加，且即使這個準矩也要受制於一些細微的變動。

若其他的情況不變，一國人口之稠疏，很肯定是依據其所能生產、或所能獲得的食物之數量；其苦樂是依照他們所分得的食物之多寡、或每天的勞動所能換得的食物數量。這種幸福，並不依於其人口之稠疏、他們的貧或富、他們的老或幼；而依於其人口與食物之相對比率。

在現代的歐洲，比古代的歐洲或世界上更不文明的區域，對人口之積極的抑制，較不流行；而預防性抑制，則較爲流行，因爲戰爭、瘟疫、急性疾病和饑荒較少發生。

至於預防性抑制，雖然必要承認「道德約束」這種預防性抑制在現今還沒有十分流行，但其流行是一天比一天擴大，而且，如果我們只考量其普遍條件，主要隱含由愼思遠慮而延緩結婚，我們可以視其爲，現代歐洲使人口之增加，不超過維生物資水準之最有力的抑制。

三、人口過多有別於道德的補救法

前人所提的一切「平等制度」之所以必然失敗，是因爲平等與財產共有，毀去「道德約束」這種預防性的抑制之動機。既然大家都是平等的，處境也是相似的，某一個人就沒理由，自以爲他有比別人更來得自制的義務了。如何讓人不得不進行此種約束呢？「道德約束」這種自然抑制，其作用完全是依靠財產與繼承之法律的存在；而在平等與財產共有的國家，就只有用某些性質迥異，和更不具自然特性的人爲管制來代替它們。

所以，沒有一個平等計劃能夠克服人口的困難。向外移民只有緩和的功用，而「濟貧法」僅是紓困妙方，結局是使人口過剩的弊害更加嚴重。

英格蘭的濟貧法，使貧民普遍狀況更爲惡劣；這是沿兩方面進行的。第一種令人厭惡的傾向，是增加人口，而不增加供養人口所需的食物。一個貧民在少了政府的接濟下，就甚少或沒有能力維持家庭，他還可以結婚，因爲他可得到政府的救濟。所以，濟貧法可說是在創造它們所供養的貧民。食物既要分配給人數較多的人口，只能是少份額；那麼，那些得不到政府救濟的勞動者，他們所購得的食物，其數量一定比從前來得少，因此他們需要政府救濟的人數就比前增多了。第二，在救濟院中社會最無用的分子所消費的食物數量，減少了社會較有用分子的食物，迫使他們不得不求救濟。

英格蘭該慶幸的是，農民尚有獨立的精神。濟貧法，雖預謀要滅絕此種精神，但只有局部的成功。對個人而言，貧乏不依賴他人之幫助雖是極難的，但貧乏而依賴他人應視爲極可羞的事情。爲要增進人類普遍的幸福，加以這樣的汙名是必要的。如果人們因可得政府的接濟而結婚，他們非但不公平的，使他們自己及其兒女陷於不幸與依賴。而且不知不覺的損及和他們同一階級的人。

再者，濟貧法阻礙了節儉，削減了一般人民的儲蓄能力與意志，他們只顧目前的生活而不顧及將來。一個人明知他的疾病或死亡，會使他的家庭不得不依靠政府接濟過活，而還是跑到麥酒屋去暢飲；但如果知道他的家庭所能得到的，只是臨時的賑濟，那麼，他也許就不敢浪費他所掙得的錢了。

當對懶惰與放蕩之最強抑制之一被除去時，一般人民間的幸福一定要減少的；而且，當制度使貧乏成爲依賴的，就把其應附隨的羞辱減輕了。我確信，如果在這個國度中從沒有過濟貧法，雖然極端窮苦的個案會增多，但一般人民的總幸福一定比現在大得多。這些事實擺在面前，我並不提議，制定一條法律來阻止貧人結婚，但我提議把濟貧法逐漸廢棄。

一國透過擴大商業的手段，它就能購得更多的食物以供養增多的人口。但商業並不能無限擴張。商業必然受競爭與其他經濟的干預所抑制。維持勞動之基金若一旦成爲固定，或縮減，就沒有方法可以獲得食物以供增多人口了。

要國家達到最興盛的地步，農業要與商業聯合；單獨農業或單獨商業都不能達到這個目的。一個國家有廣大和肥沃的領土，農業的改良、工業，與外國貿易刺激土地的耕種，那麼，它就有各種和豐富的資源，很難說它們到什麼時候才會達到其最大的限度。但是，一國基本的人口是有一個限度的——它們最後總要達到這個限度而不能越過的。

爲確保要得到較多的、同時是較穩定的穀物供給，就有人建議一套穀物法體系。其目標是以關稅或禁止的方法，來阻止外國穀物之輸入，而以津貼的方法來獎勵本國所種的穀物之輸出。

禁止外國穀物輸入之法律，雖絕非是無可反對，但並不像津貼那樣受到反對，而且一定要許其足以達到它們所希望的目標，即，維持穀物自給。並且，由於抑制外國穀物之輸入，顯然就能保持農業階級與商業階級間的均衡。

問題並不在於所提出的措施是否有效，而在於是否得當。在某些場合，企圖維持農業階級與商業階級間非自然的均衡，其不智是毫無可疑的；但在其他場合，其不智絕非如此明顯。一個有很多土地的國家，抑制外國穀物之輸入，不只使所有——不論是永久或暫時——商業與製造業的利益，分散於土地，但也阻止了那些在農業與商業的進步中之大起落，這些大起落是很少沒有弊害的。

四、道德的約束與歧視性賙濟

我們所看到的各個社會的實際狀況，人口的自然成長一直受到強力的抑制，且顯然好像沒有改善的政府形式、沒有向外移民的計劃、沒有自然產業的方向，能阻止此人口的大抑制在某種形態下繼續作用，我們必定要把它作爲大自然不可避免的法則而遵從之，所留給我們探討的是，如何使它們對人類社會的德行與幸福的傷害最少。

所已觀察到的，在同一國家和不同國家盛行的，對人口之直接抑制，可分爲道德約束、惡行，與貧苦。如果我們的選擇只限於這三種，我們的決定是無所遲疑的。只有道德約束，是逃脫人口過剩弊害之優質和有效的方法。若適婚年齡結婚的習俗，沒有道德約束，那麼，不管有怎樣大的德行，也不能救社會不陷於最悽慘和絕望的匱乏、連帶無窮盡疾病和饑荒共存的狀況。

若大家都自制，勞動的價格不久一定因其縮小供給而升高，而這些自制的人一定能積蓄一些錢，並養成節酒、勤勞，與精打細算的習慣，這些就保證他們的結婚生活一定是幸福的。再者，延緩結婚，使兩性對終生伴侶之選擇，會智慧些與相契些；情慾，一反因過早性愛的經驗而被撲滅，卻會燃得更光亮，因爲暫時壓抑，而其獲得是作爲勤勞與德行之獎品，眞正忠誠依戀之酬償。

這種性質上的道德約束，是一種「基督教徒」的義務。像沒有維持子女生活的能力而結婚的行爲，以致直接削減人類一般幸福，是很少的。如此行動的人，顯然是違犯「神」的旨意，因爲他違背了他對鄰人與對自己的義務，不盡他較高的義務，反而聽從情慾的指揮。如果他不能維持他小孩的生活，他們一定要挨餓；如果他知道他很有可能無法維持他小孩的生活而依然結婚，他是犯了使他自己、他的妻、他的兒女蒙受一切痛苦之罪。

當勞動者的工資只夠勉強維持兩個小孩的生活時，他結婚後卻生了五六個子女，他就陷於窮困。他怨勞動價格太低。他怨教區、富人，和社會制度，但從沒有怨自己。他也許想早知不結婚；但他從沒有想到他是做錯了事。其實，實情正好相反，因爲他常聽人說，爲國王與爲國家而生兒育女，是一件極有功和愛國的行爲。

應該教導一般人民，說他們在這種情形是要怨自己的，如果他們違背了「神」的旨意而行之，是沒有人有能力可以幫助他們的。那些願意幫助貧民的，與其鼓勵貧民結婚，而使勞動市場的供給太多，倒不如努力使勞動價格對食物價格之相對比例提高。勞動市場的供給過多，與每一勞動者的報酬豐富，是兩個完全不能並存的目標。

但是，單把那些鼓勵人口增加之積極機構完全廢去，是不夠的，我們還一定要同時糾正那些有同樣效果之盛行意見。一定要使民眾知道，他們沒有幫助他人之**權利**，而人的義務並不只於繁衍其種族，但也要繁衍德行與幸福。

我們私人的賙濟，也一定要加以辨別。如果我們堅持，一個人即使是不做工也可以得食，即使他們沒有維持家庭的能力而結婚，他的家庭也應得供養，我們只是鼓勵無價值的貧乏。我們絕不可獎勵懶惰與欠思慮的婚姻，無論如何，我們絕不做移除獨身者與已婚者之間所應有的不平等狀況之行爲。

第二十三章　人類的職務（人類的天職）

——裴希德

約在一七九〇年，裴希德（Johann Gottlieb Fichte）在康德的哲學影響下，啓發其對之有虔敬熱誠而嶄露頭角，一七九二年發表《一切啓示的批判論文集》（*Essay Towards a Critique of All Revelation*）。身爲吉納（Jena）的哲學教授，他的成功全在其利用講師的特別權力，證明全在他的講稿，後集成《學者的天職》（*The Vocation of the Scholar*）。在吉納期間他發表一系列的文章，將其推向德國思想家的有數人物。最重要的莫過於《科學全部理論的基礎》（*The Foundation of the Whole Theory of Science*, 1759），他此後最出名的著作是《人類的天職》（*The Vocation of Man*, 1800），其文體之優美、內容之豐富和思想的昇華，足以和笛卡兒的沉思錄（Meditations）並列。

〔瓊安・格特烈裴・裴希德生於一七六二年，死於一八一四年。他是德國唯心派的哲學大家，也是一個愛國主義者。他的哲學思想是受康德之影響的。其主要著作，除此書外，又有《致德國國民》（*Addresses to the German Nation*），是他在法國進攻普魯士時所發表的愛國演說。

此書，就譯者所知，尚未有中譯本。〕

一、「**我要知道！**」

最後，我希望很熟悉我四周圍的世界。我的感官一致宣稱：我所信任的，只是確實的經驗。所以，我這一部分的知識，是與我自身的存在一樣精確的。

但，我是什麼，我的「實有」（being）的目的和目標是什麼？這個問題是多餘的。我早已熟知「實有」的各種現象，如要把我所學到有關它們的事物再講述出來，是要費許多時間的。但我怎樣才能說服我自己眞正具有這種知識呢？我所知道的只是他人所公認知道的，我所能實在確定的是，我曾聽見他們對這些事情有這樣和那樣的說法。

我曾承認，他人對人文最高的事情之研究興趣，與認眞和精確有貢獻，是我自己絕做不到的。我曾以爲他們是比我優越得難於敘述的。我未免太低估自己！

現已不再如此了。從這時起，我要取得我所應得的權利與尊嚴。凡不是我自己心智的，都予以拋棄！我要親自去檢驗，我要**知道**。

我的四周圍有各種對象，我不得不視之爲整體，它們爲其自身而存在，而且是各自分開的。我注視植物、樹木與動物，我把某些標記與屬性歸與每一個體，我借這些標記與屬性而辨別它們。每一個對象具有特定數目的屬性，不能多也不能少。每一個對象具有之性質也有特定的程度，不能超過或不及。每一項事物都是有限的、規定的；是某一物，而不是別物。

徘徊於相反界限之間的對象，並不是我不能想。我當然是能的，因爲我的思想有一半是這樣構成的。我想一株一般的樹，因爲我的想法尚未有定論，就不代表任何特殊的樹，只是一般的樹，它並沒有實的存在，因爲凡眞實存在的，是有特定數目的屬性，而各屬性又各有特定的程度。

但是，大自然之轉變一向是很急速的，當我說現在時，它已過去了，而一切都已更變。那麼，在無限可能的各種情況之中，大自然爲什麼承受某一些而不承受其他呢？是由於什麼原因呢？爲什麼我們所看的事物是**成爲**那樣的呢？

大自然是遵從永恆的法則。我發現自己是處於一串相聯的現象，每一現象都是依靠在它前面的現象。我看見一朵花從地上冒出來，我就斷定在大自然中有一「構成力」。一朵花，正是這朵花，只有當一切的情況結合起來使其能在此處生長時，它才能存在於此處。

我就不得不假定在大自然中有一特殊原始的能力，而且正是能生產花之能力，因爲如果是大自然的另一種能力，在相同的情況下，也許會生出完全不同的事物出來。

當我把一切事物作爲一個整體而思索時，我所想的是一個大自然，一個力；當我把它們視作個體時，許多力，它們依照其內在的法則，經過它們所能的一切形態，而發展它們自身，在大自然中的一切對象，不過是受一定限制的各種力。

大自然每一個別能量之每一表現，是與一切其他能量相聯的。因爲大自然是一個相聯的整體。所以，它的表現是精確必然的，而我所達到的邏輯的結論是：任何事物既是那樣的事物，就絕對不能爲別樣的事物。

二、關於大自然的懷疑

我自己，凡所稱爲我的一切都在內，不過是這堅固大自然的必然之鍊鎖的一環。我之存在並不是出於我自己的能量。我之被稱爲實有，是出於我身外的一種能量。這能量應是大自然的普遍能量——我是它的一部分。生出來的一定是我，絕不能爲別人；在我存在的任何時間，我只是我，不應是其他。

思想當然是一種比植物的形成、或動物的活動，較高級和較精巧的大自然作用。我不能解釋大自然力怎樣能產生思想，但我能解釋大自然如何使植物生長與動物活動嗎？思想存在於大自然，是和使植物萌生之創造力存在於大自然相同的。企圖從材質的組織推求得思想，是勞而無功的，我不輕易作這樣的浪費行爲。在大自然中有一個原始的思維力，正如有一個原始的植物創造力一樣。

在許多非本質的變動中，一切基本質性的這形態、這活動、這思想、這時間，其屬於我，是和屬於我同種的一「實有」相同。但在大自然中的「**造人力**」是在我產生的時候，在多種條件與情況下，表現它自己。這些條件與情況決定了我該成爲怎樣的。我之所以是我，因爲我不能是其他，而我之爲現在的我與將來的我，一切都是必然的。

誠然，我覺得有一內在獨立的意識；在我的生活中，有許多場合，是由其自由決定的。這與我所已定下的原理是完全調和的。我自己並不是大自然的「造人力」，但只是它的一個表現。可是，這個表現確然是一個原始和獨立的力量之產物，且在我的意識中也一定如此呈現。因爲這個緣故，在我的生活中，如果我所分有的「獨立力」

不受阻礙，而得以表現，我就覺得自己是一個自由的執行者；但當出現任何情況的組合使我不能做，在別種情況下所能做的，我就覺得是受限制的了。

把意識賦予一棵樹，讓它自由生長，它就不會知道，它之只作爲一棵樹而且是某一種樹之存在的界限。但若氣候不適宜、養分不充足，或者其他的原因，阻礙其生長，它就會感覺它受了侷限、限制，因爲它本性的一股衝動，不能得到滿足。把樹身和擺動的樹枝縛在牆上，或把別樹的樹枝強接上去，它就覺得它自身是受束縛了。

在我直接的意識中，我所見的自己是自由的；思索了整個的大自然，我就發現我不可能是自由，不可能爲一自由的執行者；前者一定要隸屬於後者，因爲只能透過後者才得以說明。

三、知識並不是全部

憂愁與焦慮消蝕了我的心。我咀咒使我回復到一種存在其眞理與意義我不能再信任的那一天。我在夜間從不安靜的夢中醒來，我希望可找到一線靈性上的光，領我逃出我受困其中之懷疑的迷宮，但是找不到。

有一次，在中夜的時候，一個奇怪的神靈經過我面前，對我說話。

「可憐的凡人！」我聽見它說。「你在錯誤上再積上錯誤，而想像你自己是有智慧。拿出勇氣來成爲眞正有智慧。我給你以新的啓示。靜聽著！你承認在你四周的對象，眞是存在於你自己之外嗎？你是否看見你之所見，和感到你之所觸、或你有一較高的感覺，借之以知你感官的作用？」

我回答說，我並沒有，但我立即和絕對地知道我所見和所覺的。

於是神靈說：「所以，你不能知道任何事物，而不同時知道你知道它。記住，在你一切的知覺中，你所感知的，只是你自身的實有的狀態。但你自身之外對象的質性和屬性之知識，只能經你自身實有的各種狀況的意識得到。你說事物爲紅、爲藍、爲甜或爲苦，你實際只不過是表示你在某種意義上感受到它們。」

我贊同它的話，說道：「我感到把在我之中的事物，移置於我自己之外的事物是極奇異的，但我不能避而不爲。我的感覺是在我自身之中，並不是在對象之中，因爲我是我自己而不是對象。但感覺常是確定的。我們從來未嘗單是看、聽，或覺；但我們總是看見顏色；覺得冷、熱、粗、滑；聽到聲音。」

但神靈說：「你的手也是一平面。你怎能意識到你的手呢？你的手由你看來是一平面，這是與一般的平面之觀念同樣不能解釋的。眞相是在你的內部，有某種事物爲你任何感覺所不能感知的。你所有對外物的質性之覺，只不過是你自身感官的某種作用。你一定要說及，那超乎感覺又能感知之某種事物。這即是說，你借因果觀念而能在你所有的知識之外，再添上你所無的知識。」

「所以，你有一器官或官能，意識的器官或官能。你借之而感知這些作用。在事實上，你眞正的知識、你的感覺與作用的知識，對於你是不完全的知識，需要以另一種知識來補充的。」

我就說：「我確在知覺的意識——它是與存在的意識同步的——再加上另一種我自身所無的；這樣就使我眞正意識加倍並且完備了，可以說我做了一個心智上的行爲。但是，這個心智上的行爲，依照你的主張，是我自身之外的一個對象之概念作用，我是完全沒有意識到的。」

神靈回答說：「心智的行爲，如我們所意識到的，就稱爲自由。一個行爲，如沒有行爲的意識，就稱爲自發（spontaneity）。這種心智行爲稱爲思想；因之，思想可說是一個自發的行爲，以別於知覺，心智在知覺中，只是接受和被動的。但你知道在你心智中，對任何對象所興起的知覺，一定是有一個「因」。你怎麼知道你的知覺一定有一「因」呢？怎樣能證明呢？你知道，這並不是間接的，而是直接的。你絕對有它在你自身內；因爲一個對象的概念作用，依照因果律說，是與知覺同步的，可見，你所有的知識只是你自己的知識，你的意識從沒有越出你自身，你所以爲是對象的眞正存在之意識，其實只是該對象，在你自己的概念作用或概念的一種意識，依照思想的內在方法而產生的，且必然是與你的知覺並存的。但是，你是什麼呢？」

我回答道：「對這問題作最廣泛的回答，我必定要說，我是我，是我自己。只能以對立法使我自己得知。外界的存在——一事物——是我以外的事物，智能認知它的。我對於『我是什麼』所知的，並不多於我之爲我。」

於是，神靈感歎的說：「眼光短小的凡人！你想要知道，但你跑錯了路。你在不能得到知識的地方尋求知識。我見你陷於此種心智狀態中，很願使你擺脫你謬誤知識之束縛。你應知道你自己的知識。你尋求超越外貌的眞正和永久的事物；這是我所知的。但你要從知識求得這事物，是徒勞的。你沒有別的器官可以用來領會它嗎？你有這種器官，你要負責喚醒它、鼓動它，而你就會達到最完善的平靜。」

四、我們由信仰而成就命運

可怖的神靈，你的話把我壓倒了。但你吩咐我依賴我自己，我是什麼呢？我身之外有任何事物，可擊倒我至無可挽回的地步？我的心怎能反抗一個我的悟性所毫不反對之體系呢？我需要超越這些心象與概念的某物。

我所熱切渴望超越一切概念的某物是什麼呢？依照你的知識，人的命運不單是「**知**」，而是「**行**」。

現在我知道藉之以領會這「眞實性」——大約也可領會其他一切——的器官。它不是知識，因爲知識只能論證它本身；每一知識都假定有較高的知識爲其根據，也是有其更高階的知識，這樣推論是無盡的。它是信仰，自動地信任那些自然而然在我們面前呈現的見解，因爲只有經由這些見解，我們才能成就我們的命運。它不是知識，但是接受這知識的意志之決定。這同一的內在呼聲使我的精神視野，進入另一個世界的前景，比我由知覺所知的世界較優；它使我熱望這個較優的世界，生活於其中，而且只在其中，才能得到滿足與平靜。

我們族群的命運是團結成爲一個大團體，其各部分有極好的連繫，具有相似的文化。人類的本性，甚至其情慾與惡行，自開端就已朝向這個目的了。

「現在」是我們存在的開端。未來生活是它的延續，我們一定要爲自己求得在未來生活中的地位。這是我眞正的本性，是我整個崇高的終點站。「神的意志」把我與「祂」結合，並與那些和我一樣的有限實有結合。「神」的世界中，一切事物都是爲了最好而發生的；但在那世界中的是胚種，其花如何，其果如何，我是不知道的。

第二十四章　意志與觀念的世界（由意志與觀念得知的世界）

——叔本華

叔本華（Arthur Schopenhauer）的出色成就，《由意志與觀念得知的世界》（*Die Welt als Wille und Vorstellung*）發表於一八一九年，不單是一本哲學名著，而且是叔本華對人類的見解之完整紀錄。他哲學的要點是：宇宙中唯一基本的眞實性是意志，一切可看得見的、可觸得到的現象，不過是意志，這唯一自成一體之事物，又確實存在的主觀概念作用。他的體系缺點是其憂鬱悲觀主義的傾向。一八四四年增訂版問世。其重要的著作，尚有《自然意志論》（*On the Will in Nature*, 1836）、《倫理學的主要問題》（*Main Problems of Ethics*, 1841）和《天堂與補遺》（*Parerga and Paralipomena*, 1851）。

〔亞瑟・叔本華生於一七八八年，死於一八六〇年，是德國一位聞名的唯心派哲學家。

此書，就譯者所知，尚未有中譯本。〕

一、由觀念而得的世界

「世界就是我的觀念」是一個對於每一活著的生物都妥當的眞理，雖然只有人類方能有意識地思索它。他這樣做，就得到哲學的智慧。一切爲知識而存在的事物，和這整個的世界，只是與主體（subject），感知者的知覺，相關聯的對象（object）——即，觀念。世界就是觀念。所以，沒有別的眞理比這個眞理更絕對地確定的。

這個眞理絕不是新的。笛卡兒的思想已隱含了。但最先明言的是柏克立。康德忽視了這個眞理，因而陷於錯誤。瓊斯（Sir Wm. Jones）指出，它就是印度吠檀多（Indian Vedanta）的根本原理，可見是很古的了。在一方面，世界是觀念；在另一方面，世界是意志。

那知道一切事物而不被他物所知的是主體；一切都是爲這主體而存在的。但由觀念而得的世界（審者按，後用「觀念世界」代求行文的方便）是由基本的與不可分的兩半所組成的。一半是對象，其形式是由時間與空間，及經過時間與空間之多樣性所構成的；但另一半是主體，並不在時間與空間之內，因爲它作爲一整體和不可分的，存在於每一個能思慮的實有（人）之中。

這樣，任何個人，賦有對象的知覺官能，構成整個的觀念世界如存在著的千千萬萬一樣完全；但如果這一個人消失了，整個的觀念世界也就不見了。每一半只在另一半之中和通過另一半，方才擁有意義和存在，與它同存同滅。對象開始於主體終止處。

康德的一大功績，就是他發現了一切對象的基本與普遍的形式——空間、時間、因果關係——在我們的意識中是**先驗**而有的，因爲由於主體的考量，用不著對於對象有任何知識，就可以發現它們並完全知道它們。

知覺的觀念與抽象的觀念是不同的。前者包括整個的經驗世界；後者是概念，在地球上一切的生物中只是人類才具有的；因爲人類有能力得到它們，使人類有別於下等的動物，這能力稱爲理性。

有許多關於外界宇宙的眞實性之爭論是徒勞的。這種爭論是起因於這個謬誤的想法，認爲知覺既然是經由因果關係的知識而發生的，故主體與對象的關係是因和果的關係。因果關係只存在於對象——即，直接的對象——與間接知道的對象之間。對象常先假定有主體，所以，對象與主體之間不能有原因與結果之關係。

所以，實在的獨斷論（realistic dogmatism）與學理的懷疑論（doctrinal scepticism）之間的爭論是愚笨的。前者似把對象與觀念分開爲因與果，但這兩者其實是一體；後者假定，在觀念中我們只有「果」，從沒有「因」，從不知眞正的實有，只知其活動；對這兩種謬誤之糾正是相同的——對象與觀念是等同的。

知識的最大價値是它能傳授與保持。這使它在實踐上成爲極重要的。理性的或抽象的知識是理性——與悟性有別——所特有的。理性之用處，是它以抽象的觀念代替知覺的觀念，並將它們作爲行動的指導。

人類——有別於下等動物——由理性所擁有的生活多面向觀點，使人類面對它們就像船長，配有航海圖、指南針，與四分儀這些工具，又有航海的知識，面對無知要受其指揮的船員。

人有兩種生活。除了他具體的生活之外，尙有抽象的生活。在具體的生活中，他和動物一樣鬥爭、受苦，與死亡。但在抽象的生活中，他靜靜思慮宇宙的計劃，如船長之省察海圖一樣。他在這平靜思考的抽象生活中，成爲一個深思熟慮的觀察者，觀察著那些從前觸動和擾亂他情緒之諸元素。退出這種平靜的思索，他就像是一個演員，在戲臺上扮了一個活躍的角色之後，就退出來做一個觀眾，靜看別的演員在臺上賣力演劇。

二、由意志而得的世界

我們的探討不得不再進一步，因爲我們不能滿足於知道我們有觀念，而這些觀念是與某些法則——其一般的表現就是「理由充足律」——相聯的。我們想要知道我們觀念的意義。我們問：這個世界，只是一個觀念，如一個空洞的夢、或一個空幻的視野一樣地掠我們而過，不值我們注意呢，抑是比這更眞實的事物呢？

我們一定永遠不能從外面達到事物的本質。不論我們的探究是如何勤奮，我們永遠不得達到超越形象與名稱的事物。我們好像是一個在城堡四周跑著，想找到堡門，可是總找不到，有時繪畫城堡正面的圖形。在我之前的所有哲學家所用的方法，正是如此。

人的眞相不是一個純粹無所不知的主體，不是一個沒有實質身體之象徵智慧的有翼天使，從上面思索世界。因爲他自身是著根於那個世界之中的。這即是說，他自身是世界中的一個**個體**，他的知識——這知識是整個觀念世界之基本基礎——是以身體爲媒介而傳達的，其感覺是那個世界的理解之出發點。他的身體對於他是一個觀念，如一切其他的觀念一樣，是許多對象中的一個對象。他只知道其行動，如他知道一切其他對象的變動一樣，但作爲他對其自身的理解之一種助力，他就一定覺得這個觀念與對象，是和一切其他的觀念與對象同樣陌生與不可解了。

那助力是**意志**。只有它能提供解決他自身之謎，解決了他自身的存在之問題，向他啓示他的實有、他的行爲，和他的動向之內在構造與意義。

身體是意志的直接對象，可以稱爲「**意志的客觀性**」（*objectivity of will*）。意志的每一個眞實的行爲，立刻也就是身體的看得見的行爲；加之於身體的每一個印象，也立即就是加之於意志的印象。當它是與意志相反時，稱爲痛苦，與意志相合時，稱之爲愉悅。

身體與意志在本質上的同一性，從這事實就可以看出來：意志每一個猛烈的運轉——這即是說，每一情緒——直接鼓動著身體並干擾其主要的作用，所以，我們可以正當的說：我的身體是我的意志之客觀性。

只是因爲對一身體的這種特殊的關係，「知道」的主體是一個體。我們的「知道」，離不開個體性，讓我們每一個人只是一個人，但我們每一個人卻能知道一切，就成爲必要。因此就引發對哲學的需要。我們每一個人對自身所具有的雙重知識，是世界每一現象的本質之鑰匙。我們所知道的或所能思維的，除了意志或觀念之外，是再沒有別的。如果我們檢驗身體的眞實性及其行動，我們所見到的，只是：「除了意志之外，它是一個觀念」這事實。這個雙重的發現，就包括眞實性之一切了。

三、由觀念而得的世界——第二方面

我們已審視過由觀念而得的世界，爲一個主體的對象，其次，審視由意志而得的世界。凡是柏拉圖的學生都知道，意志客觀化之各個不同的品級，展現在無數的個人身上，作爲它們未實現的形式或作爲事物的永恆形式而存在，是柏拉圖的觀念。這樣，這些不同的品級是屬於個別的事物，成爲它們的外形或原型。

這樣，我們所生活於其中的世界，其整個的本質是經過意志，同時也經過觀念的。這個觀念常先假定有一形式、對象，與主體。如果我們把這形式拿開，問還有什麼剩下，其回答一定是：這只能爲**意志**，正確地說，是「**物自身**」（*thing-in-*

itself）。

每一個人都發現他自身就是這個意志，世界只是爲著他而存在，與他的意識發生關係。這樣，每一個人他自身有兩方面：整個的世界，小宇宙；和他所認爲他自身眞的實有，盡括了整個世界的實有，大宇宙。所以，像人一樣，世界是經過意志與經過觀念的。

柏拉圖一定要說：動物並沒有眞正的實有，而只是一表面的實有，是恆常的「成爲」（becoming）。唯一眞正的實有是觀念，包含於那動物之中。這即是說，只有動物的觀念有眞正的實有，而且是眞實知識之對象。康德主張「物自身」是唯一的眞實性，他一定要說：動物只是在時間、空間，和因果關係中的一個現象，它是我們知覺的條件，並不是「物自身」。所以，我們在此時所見的個體是過去了，我們沒有知道「物自身」之可能性，因爲「物自身」的知識是我們的官能所不及的。

這兩個西方最偉大的哲學家，其見解是這樣的不同。照康德的主張「物自身」一定要擺脫一切與知道有關的形式。反之，柏拉圖的觀念是，必然爲對象，是某些已知的事物，且異於不能知之「物自身」。但是，康德與柏拉圖卻都同意，因爲「物自身」是排去現象一切次要的形式，而保持首要和最普遍的形式，即一般的觀念，作爲一主體其對象的形式。柏拉圖認為只有觀念具有實在的實有，及只認可在空間與時間中——個人的眞實世界——的事物，像空幻、如夢一般的存在。

四、由意志而得的世界——第二方面

我們的考量，其最後與最嚴重的一部分，是關於人類的行爲。人類的本性常把其他一切事物都與行爲相聯。觀念世界是意志的完好的鏡子，意志在這鏡子逐步分別和完全認識它自己。這意識最高的程度是人，他的本性，只在他整個有互相關聯的一連串行爲中，完全表現出來。

意志是「物自身」，世界的本質。生命只是意志的鏡子。生命之跟隨著意志，是和影子跟隨著身體一樣。如果意志存在，生命也就存在。當我們有活下去的意志時，即使面臨死亡，也用不著怕會活不下去。誠然，個人有生有死；但個人只是現象。不論是意志，或認知的主體，都不受生或死的影響。

大自然所關心的不是個體而是物種。大自然毫不吝惜的提供物種，或是以多得不可計數種子、或是以能結果實的大力量。當一個體已盡了延續物種之任務時，大自然是隨時放棄個體的。大自然毫不修飾地表示出這個偉大的眞理，即，只是觀念，不是個體，有實在的實有，而且是意志的完全客觀性。

人是大自然本身，但大自然只是客觀化的生存意志。所以，具有這種見解之人，當其思慮自己或朋友的死之時，把眼光轉移到大自然不滅的生命，而他自身正是大自然，那麼，他就可安慰自己了。由此我們可看出生與死實在都是屬於生命的，它們參與材質的不斷盛衰，這儘管是個體的乍生乍滅，但與物種的永續是相容的。

五、意志與時間的關聯

最主要的是我們不可忘記：意志現象的形式、實際生活的形式，其實只是**現在**，不是未來也不是過去。沒有人一直生活於過去，也沒有人生活於未來。現在是確實擁有生活的唯一形式。現在是常存在的，與其內容一同生存的。

一切對象一變成爲觀念，就都是意志，而主體是對象必要的相關物。但眞實的對象只在現在。所以，包括於過去之中的只是些概念與幻想，而現在是意志現象的本質形式，而且是不能與它分開的。只有現在是永存的與不動的。其源泉與支持是活下去的意志，或「物自身」，那就是我們。

生命之於意志是確定的，現在之於生命是確定的。時間好像是一個不斷轉動的圓球。那半面沉下去的好像是過去，那半面升上來的好像是未來，而那在上面不可分的點好像是靜止的現在。或者，時間好像是流動的河，現在就是河水所衝擊的石頭，但河水不能把這石頭移動。正如生命對於意志是確定的，所以，現在是生命單獨眞實的形式。

因此，我們用不著調查生前過去的前因，也用不著推測死後未來的後續。我們應只追求知道現在，這是意志表現其自身之唯一形式。所以，如果我們對這樣的生命是滿意的，我們可以確信它是無窮的，把死亡的恐懼當做幻想而排除。我們的精神是完全不可毀滅的本性，而它的動能是永存的。

意志自由之問題，是透過考量如斯解決的。意志既然不是現象、不是觀念或對象，而是「物自身」，它不是作爲任何原因求來的結果那樣被決定的。它不知什麼必然，所以，它是自由的。但個人是永遠不自由的，雖然他是自由意志的現象，其不能駁倒的理由如下：他既是這個意志自由意欲所決定的現象，在許多的行爲中不得不遵循那意欲的指示。

第二十五章　實證哲學（實證哲學的課程）

——孔德

孔德（Auguste Comte）是一位認爲哲學家該採用其稱之爲「腦袋保健法」，一種令心智健康的方法，來從事特別的工作，即將生活中所有與其工作無關的事物切斷才是正途。《實證哲學的課程》（*Cours de Philosophie Positive*）是其第一本巨著，其中他提倡一種理論，所有的制度基於人的觀念。而人類的觀念，都經過了三個階段，即，神學的階段、形上學的階段，和實證的階段。其主要的著作，尚有《實證政治學之體系》（*Systéme de Politique Positive*）。本書是爲後書做鋪墊的。

〔奧古斯特・孔德生於一七九八年，死於一八五七年。他可說是社會學的始創者。晚年又創「人道教」，以人道爲信仰對象，謀人類之幸福與進步。計四冊，出版於一八五一年至一八五四年。

此書是社會學史中的一部名著；就譯者所知，尚未有中譯本。〕

一、科學之實證分類

研究人類智能的發展，發現它經過三個階段：(1)神學的、(2)形上學的、(3)科學的或實證的。在神學的階段，它以超自然的實有來說明世界。在形上學的階段，它以抽象的力來說明世界。在科學的或實證的階段，它就研究各種現象之間的關係。

各種科學經過這幾個階段，有遲有速。最先達到實證階段的是天文學，其次是地球物理學，次是化學，再次爲生理學，而社會學還未達到這個階段。此書的主要目的是要把社會的現象置於實證的基礎上，其次要的目的是要示明，知識的各支是生自同一軀幹的。把諸科學整合於實證的基礎上，一定可以發現，在考察事實時，規範知性之法則，以革新科學，和改造社會。現在，神學的、形上學的，與實證的發生衝突，造成知識界的紛亂。

要構造一實證哲學之第一步工作，是把科學分類。我們在自然的現象所見到的第一個大區分，是分爲無機的現象，與有機的現象。無機的現象包括天文學、物理學、化學；有機的包括生理學與社會學。這五種科學——天文學、物理學、化學、生理學，與社會學——可以視爲五種基本的科學。

這種分類是依照著科學發展的次序，表示它們社會的關係與相對的完善。爲要得到有效的知識，研究科學一定要依照上面所說的次序。沒有前面的四種科學的知識，是不能理解社會學的。

但是，在這些科學之後面與上面，有一偉大的科學，就是數學——是心智調查自然法則時，所用的最強有力的工具。數學一定要分爲抽象的數學、或微積分學，與具體的數學，包括普通幾何學與有理力學。這樣，我們實在是有六大科學。

數學 數學的簡單定義是：大小之間接度量，與大小之互相決定。具體的數學，其任務是發現現象的**方程式**；抽象的數學，其任務是從方程式導出結果。這樣，具體的數學從實際實驗一個落下的物體每秒的加速率，而發現其方程式；抽象的數學從如此發現的方程式推求其結果，從已知的得到未知的數量。

天文學 天文學的定義是：我們所藉以發現，天體呈現幾何與機械現象的法則之科學。我們要發現這些法則，所能用的只是我們的視覺與我們的推理力，而推理力對觀察天文，比在任何其他科學，要占較大的比重。單是視覺絕不能告訴我們地球的形狀、或一個行星的軌道；只有由角度的量度與時間的計算，我們才能發現天文學上的法則。這些不變的法則之發現，使人類擺脫了神學和形上學的宇宙概念之束縛。

物理學　物理學的簡單定義是：研究規範物體普遍性質之法則，所研究的物體是視爲**整體**（en masse）的，它們的分子是不變動的，常處於凝聚狀態的。我們在進行物理學觀察時，各種感官都運用上，而以數學的分析與實驗幫助觀察。在天文學的現象中，人類的干涉是不可能的；在物理學的現象中，人類開始調整自然的現象。

物理學包括：靜力學、動力學、熱力學、聲學、光學，與電學。物理學尚受現象的基本原因之形上學的概念所束縛。

化學　化學的簡單定義是：研究結合與分解之現象的法則，而結合與分解是各種物質——自然的與人造的——分子與特殊相互作用之結果。我們在進行化學觀察時，感官用得更多，而實驗也更爲有用。即使是在化學，形上學的概念依然留存。

生理學　生理學的定義是：有機的動力學——與構造及環境有關——的法則之研究。某一有機體放於某一環境中，其活動是有一定的方向的，而生理學所調查的就是有機體、環境，與功能作用之間的相互的關係。

在生理學中，觀察與實驗是有極大價值的，並且使用各種器具，以幫助觀察與實驗。生理學與化學之關聯是最密切的，因爲一切的生命現象，是與化學特性的結合與分解有關的。

二、社會物理學

要把社會物理學置於科學的基礎上，是一件極艱難的工作；因爲社會學理論依然是被神學與形上學的教條所誤用。我所希望要做的是指出普遍原理，這些普遍原理可用來糾正，知性的紛亂狀態。目前的道德上和政治上的紛亂狀態，其原因就是知性的紛亂狀態。我打算最先要說出，社會物理學的科學，其建立對社會主要的需要與苦難怎樣有關係，使那些配稱爲政治家的人物，能認識這種工作是眞正有用的。

一直到現在，實證哲學的工作是膽怯的和嘗試的，還未大膽、廣泛，與普遍到足以應付社會問題的知性的紛亂；但現在它必須在生活中擔任更居主導的角色，領導社會脫離三世紀以來的動盪。

現在，社會是受兩種互相衝突的勢力所擾亂。這兩種互相衝突的勢力，我們可稱之爲神學的政體與形上學的政體。

神學的政體，有一個時期，對社會是做出有利影響的；但在過去的三世紀中，它的影響基本是退化的，而且逐漸卻徹底地衰敗了。它的衰敗有許多種原因，但神學的政體之現在主要反對者是科學精神，科學精神在今日已永不能再被壓了。

形上學的政體是進步的，但其進步主要地是在消極方面。一直到現在，它是有助於進步的；但它之促進進步，主要是在將進步之障礙掃除，和摧毀神學的概念——神學的概念延緩了人類智能與人類社會之發展。它雖是危險的與革命的，卻是必要的；因爲一定要先把許多事物拆毀後，才能有恆久的改造。

爲要與神學的政體鬥爭，必須有形上學的政體；但現在它已盡了其摧毀的任務，而漸變成障礙了，因爲，它毀去了舊的，卻不許有新的。它主要的信條是良心的自由——隱含言論和出版的自由；但良心的自由實在不過是智力管制的退場；正如在天文學與化學中，良心的自由是不成問題的，在社會物理學中，良心的自由也是不成問題的。

良心與探討之自由，只能爲暫時與過渡的，隨之而來的，一定是那些夠資格下判斷的人所下的實證判斷。不能說每一個人對社會問題與政治問題，都有資格發展主張；不能說智力薄弱的人能夠判斷艱深和複雜的問題，也不能說所有意見是等值的。一切的社會都是以信仰他人的意見，與相互的信任爲基礎的。

形上學的政體，其第二信條是平等。正如其他的信條，是一定要視之爲一種暫時需要之臨時表現。這確是「良心的自由」這個信條的一系；因爲假定良心的自由而沒有智能的平等，這個假定是自證其爲矛盾的。「平等」既已完成其目的，也變成進步路徑中的一障礙。所有人都同意，一個人應有充分的平等，使他能正確運用他的官能；但不能使人們在身體上也平等，在智力上和道德上的平等更不可能。

「良心的自由」與「平等」的信條，自然而然產生第三個信條：人民主權。這也是暫時有用的，它使一系列政治的實驗能見之施行；但它在本質上是革命的，宣布優勢者受制於弱勢者。

第四個信條是「民族獨立」，在區別各個民族，爲新的聯合做準備上，它也是挺實用的。

形上學的政體完全沒有建設的功用。在第一次法國革命時，它成功的摧毀了舊的社會制度；但它對重建社會的企圖是退步的。它以「多神教」代替「天主教」，而且以「美德」和「單純」之名反對「工業和技藝」。甚至「科學」也被斥爲知識貴族。這些失誤絕不是偶然的，是形上學的政體所固有的。它既承認需要一個神學的基礎而又摧毀神學的基礎，其結果必然陷於知性的紛亂；這是顯而易見的。

社會既不滿神學的政體，又不滿形上學的政體，徘徊於兩者之間，而某一傾向的主要作用是在於抵消另一傾向。在這些左右搖動中，有第三派的政治主張興起來，我們可以稱其爲「固定派」。

這一派要把社會固定於退步與進步之間的矛盾狀態，英格蘭的國會君主政體就是它的實例。這是形上學政體的最後階段，且只是**寬心藥**（*Placebo*）的一種。

這一切只產生一種極不幸的狀態。神學的政體要倒轉至破舊的原理；形上學的政體毫無一定的原理；固定派只提供暫時的妥協。不論在什麼地方都發生知性的紛亂，而在新教的國家中，宗教派別的不和，使這種紛亂狀態加甚。一切的社會問題是如此複雜，以致只有少數人能作有恆與整體的觀察。在個人的意見不受束縛的地方，個人的偏見與個人的無知就一定是猖獗的。

而且，知性的紛亂，與紊亂的信念使政治腐敗。如果沒有信念或原理可做訴求，就一定以私人的利益或畏懼爲訴求了。

對政治問題眼光短淺，與只顧實際利益，這種傾向一天比一天增大；這也是時代的不安之表徵。那是歸因於這個事實：在三世紀以前，教會的權力被廢去了，一切的社會問題，都交給那些從事於實際事務的人物，而左右他們的主要是現實的考量。

對政治的問題採取現實的觀點，不單阻礙了進步，且危及秩序，因爲那種失序的見解有一現世的原因，使其不斷干涉制度與財產。財產與制度雖有連帶弊端，但所需要的並不是現世的變更，而是普遍道德的與智力的改造。

對社會物理學之不恰當和現實的見解，自然是有利於平庸的人，吸引了政治的江湖郎中，而那些最富心智的人只好專心從事於科學。

神學與形上學的哲學既已失敗，剩下的有什麼呢？剩下的只有實證的哲學，只有它能改造社會。實證哲學之視社會現象，是和它之視其他的現象相同，它把在人類知識其他部門使用得有效之科學精神，應用在社會改革。它將自然法則的概念帶進政治，並以不偏袒的科學原理來解決難以處理的社會問題。它將指出，某一些缺陷是不可避免的，某一些缺陷是可以補救的；而企圖救治那些無法矯正的社會事件，是和企圖挽救那些不可治癒的生物與化學的材質同樣愚蠢。這種精神鼓勵改革，且避免了企圖糾正必然的「惡」之徒然。

這樣，它是有助於知性的秩序。也同樣利於進步，與眞正的自由，因爲它除去憲法的計謀與專斷意志的法律，而代之以根據科學原理之眞正信念。它將以道德與科學的考量，調和階級利益的敵對。革命的爆發依然是會有的。但它們只是爲實證的重建——這種重建是以道德與智力爲基礎的——而先行掃除各種障礙罷了。

三、社會的靜力學

無疑的，「社會」源自「社會的本能」，而並不只是效益主義考量的結果。誠然，社會國家只在已充分發展的時候才能展現其能力，在人類的初期，聯想對於個人的利益是不十分明顯的。

那麼，決定社會的根本性質，是人類什麼本能與要求呢？第一，我們必須注意人的智力是從屬於情感的。大多數的人，其智力的官能是很易倦怠的，要有一個強烈和恆常的刺激來使它們繼續工作。在大多數的情形，這種刺激是來自有機生活的需要。但那些天賦較高的人，這種刺激是來自較高情感的衝動。智力的官能從屬於情感的官能是有利的，因爲它使智力的活動有一個永久的目標和目的。

第二，我們一定要注意到個人的情感，是比社會的情感來得強烈，而我們的社會行爲之目的與方向，是由個人的情感決定的。這是必然的，因爲公共幸福的觀念，都必然是從私人利益的觀念所推求出來的。如果把我們個人的情感壓制，我們社會的情感，失去了必要的啓發與指引，就一定成爲空洞和無效力了。在「愛鄰如己」這句格言中，個人的本能被當做社會的本能之模範。所遺憾的只是個人的情感，時常不是刺激社會的情感，反而藐視了社會的情感。

智能的增加，一定使社會的情感的能量加大，因爲它對個人的情感予以一種紀律。同樣的理由，社會的本能之增加，是有利於智能的。普遍的道德，其第一件工作就是，加強知性與社會情感互爲因果的作用。一個人知性的工作之道德和物質需要，與他對於知性的工作之厭惡之間，一個人的社會情感之道德和物質需要，與這些社會情感之屈服於其個人的本能之間，這雙重對立揭露，保守精神與改革精神之鬥爭——我們將予以回顧——的科學起源。保守精神是生自純粹個人的本能，改革的精神是出自智力活動，與各種社會本能之自發結合。

但是，社會絕不是諸個人的結合。眞正的社會單位是**家庭**；社會基本是依家庭的規劃而建立的。在一個家庭中，社會的本能與個人的本能是混合和妥協的；從屬的原理與互助的原理，也見之於家庭。家居生活是一切社會生活的基礎。所以，現代對家庭制度之攻擊的傾向，是社會解體的一個值得警惕的徵兆。

家庭之社會基礎是靠兩性與年齡的從屬關係。

婚姻使我們最強烈和最失序的獸性本能，得到了滿足、規範，與和諧；雖然婚姻因有神學的意涵，遭受革命的精神之攻擊，但婚姻制度是根據眞正的原理，是一定要保留的。無疑的，婚姻制度已經修正，但修正它並不是推翻它，其根本的原理依然完整。

婚姻制度的根本原理是婦女的自然從屬——在各種婚姻制度中，都一再出現此一原理。生物學告訴我們兩性有根本的差異——肉體的與道德的；社會學證明兩性過度喧染的平等是虛構，兩性平等是與一切社會的存在不相容的。男性或女性在家庭中各有特殊的職能，一性對於他性的附屬絕不是有害的，因爲每一個人的幸福，是依於其原有本性之適當的發展。我們的社會制度，是依靠受情感的刺激之智力的活動，而婦女其心智勞動的能量無疑是劣於男人，或是因爲她的心智比男人爲弱，或是因爲她活躍的道德和肉體的敏感性，不適於心智的集中。

除了婚姻的束縛之外，這使社會能維繫，尚有父母與子女間的束縛。從屬的原理在這裡也是有效的。正如有許多狂妄的革命家攻擊「婦女的從屬」之原理，也有許多革命家攻擊「子女的從屬」之原理。幸而一般大眾的良好意識與其原始本能，堅拒這種荒唐的主張。

在人類的家庭中，自發的從屬關係，是社會之最好榜樣。在一方面，我們見到了服從與適當的從屬是與感恩相連結的，而與羞恥無關；在另一方面，我們見到了絕對權威，與情愛及親切相結合。有一些人主張兒童不歸他們的父母養育，而交由社會養育，又有些人反對父母的財產傳襲給子女；但這種奇談怪論在這裡用不著檢驗。

我們現在考量，社會由家庭單位構成這件事，就看到了其目的只有一個，而功能卻多元化。在一個社會中，每個人各自追求其自己的目標，可是在不知不覺中卻互相合作；這種合作就是社會的本源。在家庭中，合作沒有這麼顯著；因爲家庭的主要基礎是情愛，而它的存在理由就是情愛——與爲任何目的之合作相離甚遠。在社會中，合作的本能占優勢，而情愛的本能只占第二位。有一些例外的人，他們的社會本能的情愛面占優勢；但這樣的人，大多數是把他們的情愛獻給整個的種族，這不過是因爲他們缺少家庭的同情。

合作——自發的或協議的——之原理是社會的基礎，而社會的目標，是爲其個別成員在其大合作的架構中，找到適當的位置。可是，有太過專門化的危險；它把個人的注意，集中於社會機器的小部分，窄化了他們對社會團體的意識，因此對人類較大的利益漠不關心。一個技工終其一生製造針頭，是一件可悲的事；一個有思想的人，只運用他的心智在求解方程式，也同樣是一件可悲的事。

政府一定要負起不讓這種社會與智力瓦解的責任。它一定要培植個人休戚與共的情緒；而這種情緒的連繫一定不要為了物質而是智力與道德，且常隱含有從屬關係。人的社會本能，自發產生政府。人的服從本能是比一般人所假定的更強。誰人不覺得，把行為的責任委之於有智慧與可信託的指導者，是好的呢？連在革命的時候，人民也感覺需要有壓倒性的權威。政治的從屬關係是不可能避免的，而且是不可或缺的。

四、社會的動力學

人類的進步，在本質上，是由人類所固有的道德，和智力的質性之進化所構成的。各種情況，有的促進這種進步，有的阻礙這種進步。大部分文明的職能，在處理物質的事物，使人可以脫離物質的掛慮與不安，而能運用他較高級的官能。

「死亡」也可視為人類進步之促進者。青年基本是進步，老年基本是保守和反對進步，而「死亡」是要阻止老年人太過妨礙世界之進步。如果人類生命長了十倍，進步一定大大受阻的。

在另一方面，「死亡」干擾著工作的延續，一個人的工作中斷，常因此而延緩其成果。或者，如果生命長了二倍或三倍，進步一定快了許多。

人類的進步是被理性所指引的。社會的進步史，大部分是人類的心智經過其三個階段——神學的、形上學的，與實證的——之進步史。這些階段的必然性是能加以證明的。

最初，人所知道的只是他自身，所以他對事物的解釋，免不了以爲，是有一個像他自己一樣的人物製造出來的。神學的哲學，借助許多的臆設，如：現象是像人類的行爲一樣的動作之產物；一切物體都有生命像人類的生命一樣；有一個看不見的世界，有看不見的執行者作爲觀察的基礎。這些臆設不單在智力上是必要的，在道德上也是必要的，因爲它們使人有行爲的自信心，並希望他對宇宙中任何不滿意的事物，可向該事物的創造者訴願，就能予以修正。神學的哲學不單扶持著人的勇氣、激起他的希望、增加他的權力感，但也使人類在智力上一致，這種智力的一致是有極大的社會價值與政治價值的；並且，造就出一個特殊的思想階級，把材質的事物與心智的事物作第一次有效的區分。

但神學的哲學還顯然只是暫時的。誠然，不論在什麼時候，實證的信仰一直是在隱約發光的，因爲不論在什麼時候，那些最簡單的現象，人都以爲它們是受自然法則之支配的，而一切人的日常行爲，都不得不以「自然法則不變」這個假設行事。所以，實證的哲學自始就已是不可避免的了。

在「神學的哲學」與「實證的哲學」之間，自然地和必然地有「形上學的哲學」插入。形上學的哲學以「實體」（entity）代替神。這種形上學的哲學，從未具有社會的能量、或像神學的哲學那樣的始終一貫。它的「實體」只是抽象。它之所以具有政治的能量，不過因爲它是極會閃避的。

我在上面所提及的三種哲學，也許在同一時間，存在於同一個人的心智中，相應他對不同科學的見解。同一個人的心智，對於某一科學採取神學的概念。對於別一科學採取形上學的概念，對於另一科學又採取實證的概念；但趨勢是朝向實證的。

物質的進步，也經過類似的階段。人類原始傾向是朝著軍事生活；現在的傾向是朝著產業生活。在目前，我們是處於兩者之間的過渡階段，因爲我們的軍事組織不是攻擊性的而是防禦性的，而軍事組織逐漸從屬於產業的生產。

軍事的階段相應於神學的階段，屬於同一的**體制**。有共同的好惡與共同的普遍利益，而且，如果沒有神學的信念，使對軍事長官盲目地信任，就運作不起來。產業的階段相應於實證的階段；在精神、起源與目標上，都是類似。過渡的階段相當於形上學的階段。只有在我所建立的這三個二元論裡，能作爲可信賴的歷史哲學之基礎。

第二十六章　功利主義（效益主義）

——穆勒（彌爾）

「效益主義」（Utilitarianism），如作爲一種倫理體系，是起源於施勒尼（Cyrenaic）與伊比鳩魯（Epicureans）的享樂主義者（Hedonist）學派，以個人的最大利益或社會的最大利益爲行爲的規範；直到十八世紀，其目標就以追求愉悅爲由。邊沁最先使它成爲政治科學的體系，主張所求的目的，是最大多數人的最大幸福。穆勒（John Stuart Mill）進一步闡發某種愉悅，比別種愉悅具有較大的本來價值，故比別種愉悅爲優。穆勒雖不是「效益主義」的創始人，但他對於「效益主義」教義之制定、界說和辯護是有極大的貢獻的，而且，「效益主義」這個名詞是他創的。《效益主義》此書發表於一八六三年。

〔約翰・史都華・穆勒生於一八〇六年，死於一八七八年。他是一個很博學的人。在政治學上，他是「效益主義」的代言人，其主要著作爲《效益主義》與《群己權界論》（*On Liberty*）；在經濟學上，他是古典經濟學派的殿軍，其主要著作爲《政治經濟體原理》（*Principles of Political Economy*）；在哲學上，他是「歸納邏輯」的建立者，其主要著作爲《邏輯的體系》（*System of Logic*）。他又是一位婦女運動的先鋒，主張婦女參政，他的《婦女的屈服》（*The Subjection of Women*）是很有名的。

此書，就譯者所知，尚未有中譯本。〕

一、效益主義的意義

以效用或最大幸福原理爲道德基礎之綱領，主張旨在增進幸福之行爲是「對」的，而旨在產生幸福的逆轉，那種行爲是「錯」的。

這種理論引發許多根深蒂固心智的反對；他們直指「生命的目的和目標莫過於愉悅」這種教條只適用於豬。

但是，除了豬的愉悅之外，尙有別種的愉悅；人類除了具有動物嗜慾之外，尙有別種官能，故承認某幾**種**愉悅比其他愉悅，較可欲與較有價值，是與「效益原理」頗能相容。如果有人詢問哪種愉悅是較可欲與較有價值，我就要藉經驗來判斷了。如果在兩種愉悅之中，凡對於這兩種愉悅都能享受的人，持續的選擇其中之一，那麼，被擇定的那種愉悅就是較可欲的了。

很少人願捨人類的愉悅，而取動物的愉悅；沒有人不願爲睿智，而願爲愚蠢；或不願爲富於同情與良心，而願爲自私或卑鄙。要使具有較高官能之人幸福，是需要更多的事物的，而且會比官能較低的人容易感受苦痛，可是，他絕不願意沉淪至他認爲是低層次的生存。不論是誰，如果他認爲，他寧願沉淪至低層次的生存——這是含有犧牲其幸福的——那麼，一定是誤把「滿足」當為「幸福」了。作一個不滿足的人，是勝於作一隻滿足的豬；與其為一個得滿足的愚人，不如為未得滿足的蘇格拉底。如果愚人或豬不作如此想，那是因為他們對較優的生活毫無經驗。

有人可以這樣反對：許多對較高的，與較低的愉悅都能享受之人，有時也選那較低的愉悅。但，這實在不是選擇，而是人格之弱點。對高級與低級的愉悅都可接受之人，是否有經過冷靜的思索後，而擇取低級愉悅，是一個疑問，但在過去各時代，有許多人企圖把高級的愉悅，與低級的愉悅，混同而失敗了的。

兩種愉悅或兩種生活方式，哪一種較為可欲？這個問題，要以那些知道這兩種愉悅之人的判斷為定，而且一定要承認為最後的決定，因為是除此之外，就再沒有其他的法庭可審判的。「以某種痛苦為代價以購得某種愉悅，是否值得」這個問題，除了依據那親自經驗者的情緒，與判斷來決定之外，還再有什麼可來決定呢？那麼，當那有適當經驗的人宣布說，從較高的官能所得到的愉悅，是比從動物本性所感受的愉悅來得可取時，就無可反駁了。

依照「最大幸福原理」，最終的目的是一種生存盡可能免除痛苦；而享樂，無論在質上與量上，都要盡可能的豐富。一切其他的事物，都以此最終目的，來判定其是否可欲。質的試驗，與質和量之對比標準，是一定要以那些有經驗，而又最擅比較之人的偏好而定。這既然是人類行爲的目的，所以，也必然是道德的標準。「道德」的定義，可以這樣下的：道德是盡可能保證，人類和有感覺之生物，依我們已敘述過那樣的生存之人類行爲的規範。

有一些批評者提出這樣的異議：幸福是不可能的。但，適度的幸福並不是不可能的。構成幸福的主要成分有二：安靜與刺激。有許多人，享有安靜，稍得一些刺激就滿意；有許多人，享有過多的刺激，他們對於痛苦就相當能忍受。

有人在外表貌似幸運，而生活卻很不快樂；這是因爲他們缺乏利他的精神，或者，缺少心智的修養。那些願捨去其他事物以換取友儕好感之人，他們對生活常能保持愉悅的興趣；而一個有教養的心智在其周圍的一切——大自然、藝術、詩歌；過去、現在，與未來的人類歷史——就可找到無窮盡的興趣。

幸福並不一定要減少私人與公共情感，與心智的修養程度。每一個人在修明、自由的國家中，擁有適量的道德與智力的量能，而他又避開赤貧、疾病，與死亡和別人的錯誤所帶來的悲傷，他是能夠幸福的。而且，貧乏與疾病是能夠克服的，每一個睿智的與曠達的心智，在克服貧乏與疾病之中獲得幸福。

只在極不完善的世界中，才有以「自我犧牲」去爲他人求幸福的；但在這個不完善的世界中，我承認「自我犧牲」是最高的美德。效益主義的道德，對爲他人的幸福而作的「自我犧牲」認爲是「善」的，因爲效益主義之形塑行爲善惡標準之幸福，並不是執行者自身的幸福，而是全體的幸福。執行者一定要像一個公正無私和仁慈的旁觀者那樣不偏不倚。「欲人之如何施於我，我就那樣施之於人」，「愛鄰人如愛自己」，就是效益主義的道德之理想完善。

常有人說，效益主義者太過重視行動的效果，而輕視那些產生這些效果之道德質性。但，這種錯誤並不是效益主義所固有的，這只是不易看見在行爲背後的動機之必然結果。

效益主義，有時被人說是不信神的。這種批評是用不著討論的，因爲宗教——自然的或啓示的——對倫理的調研所能給予的任何援助，效益主義者是儘量運用的。有時被人反對，說效益主義宣揚權宜主義；但，就效益主義之所見，權宜絕不反對正義。

再者，有人反對說，在行爲之先，是沒有時間，可以估計該行爲對普遍幸福所產生的後果。對於這種反對之回答是：時間是很充足的，即，人類過去之全部經驗。人類，不論在什麼時候，都在學習行爲的傾向。道德的日常規範就指出這些傾向；其他的，可逐漸規定。

最後，有人說效益主義是爲詭辯開拓地盤的，和效益主義者若受引誘，他就看到破壞一規範比遵守它之效用較大。但是，每一種主義都容許個人的方程式發生作用，沒有一種主義能夠阻止自己欺騙自己與不誠實的詭辯。

二、效益主義最後的制裁

什麼是「效用原理」最後的制裁呢？它從何處引出其拘束力呢？我爲什麼一定要促進普遍幸福呢？如果我自身的幸福並不在於普遍幸福而在別處，爲什麼我不可以捨普遍幸福而他顧呢？

任何其他道德體系所有的一切外界與內在的制裁，「效用原理」都有、或都可以有。它可以有這幾件事情作爲外界的制裁：希望得到同儕的、或「宇宙統治者」的好感與懼怕其不快、我們對同儕的同情與情感、我們對「宇宙統治者」的敬愛和敬畏，使我們要遵行「宇宙統治者」的旨意。它可以有這幾件事情作爲內在的或最後的制裁：多多少少隨著違背義務而來的痛苦，在得到適當修養的道德本性興起，在較嚴重的場合，要縮小這痛苦，都不可能。從同情、從愛、從懼怕、從宗教的情緒等所引出的合併聯想，使這種內在的制裁更爲有力。

所以，效益主義最後的制裁，是人類良心與社會觀感。效益主義的道德基礎是人類的社會本能；如果這種本能由宗教、由教育、由實例，加以發展，我想就沒有人對幸福道德制裁的實力，有任何不安之必要了。在大多數的個人中，社會的情緒是比自私的情緒弱，甚至這兩種情緒都缺乏；但是，具有這種情緒的人，就具備了一個自然情緒的一切特性，使心智對我所稱爲外界的制裁，所提供的照顧他人之外界動機，是相合的而不是背離的。

「效用原理」所接受的證明，是哪一種的呢？不論什麼事物凡是可欲的，其唯一的證據就是人民實在渴望它；人民是實在渴望幸福的。但是，人民除了渴望「幸福」之外，還渴望別的事物；例如，他們欲得「美德」。所以，效益主義的反對者主張，人類的行爲除了「幸福」之外尚有別的目的，故幸福並不是行爲的標準；對於這種反對論，效益主義可這樣回答：人原始渴望美德，只不過是因爲它可有益於愉悅，尤其是使人免受痛苦。

但經過這樣聯想，而形成對美德的渴望，它本身就是「善」，並且如欲得任何其他的「善」那樣熱烈地欲它。它是異於對金錢的愛、對權力的愛，或對名譽的愛。愛錢貪權、好名可使他對所屬的社會其他成員成爲有害的。使他對社會其他成員成爲有利的，莫大於養成對美德公正無私的愛。所以，效益主義的標準，它對其他的獲得的渴望，雖在一定的限度內，容許與認可它們，命令培養對美德的愛，達到最大可能的力量，因這對於普遍幸福是很重要的。

從上面的考量所得到的結果是：實際上除了幸福之外，再沒有什麼可欲的事物。那些爲美德而欲美德的，或因爲覺得有美德是一種愉悅、或因爲覺得沒有美德是一種痛苦、或這兩者都有。不論是什麼事物，凡所欲得的，除了它是作爲達到超出某種目的本身，而終竟是達到幸福之手段之外，是把它本身作爲幸福一部分而欲之，在它未成爲幸福一部分時，就不是爲它本身而欲它的。簡而言之，凡人類所認爲「善」的，只有那些愉悅的，或達到愉悅之手段，或避免痛苦之手段。

三、正義與效用

「正義」的觀念假定兩種事物：行爲的規範，與裁可這種規範之情操。行爲的規範必須爲人類全體所共有的，而且是爲人類的「好」。其他（情操）是渴望那些違背行爲規範的人們遭受懲罰。又包含有這個意思：某特定人因有人違背行爲規範而遭受損害，他的權利被侵犯。「正義」的情操，我認爲是一種動物的慾望——擊退對其自身和其所同情的人之損害，或予以報復；且可擴大到人類同情的量能，其範圍大到一切人都包括在內；與人類對自己利益的精明的概念。從「自己利益的精明概念」引出其道德性；從「擴大的同情心」引出其特有的感染力，與堅持己見的能量。

當我們說任何一物是某人的權利時，我們的意思是說，他對社會有保護其占有該物的正當請求，或者是藉法律之力，或者是藉教育與輿論之力。具有一種權利就是社會必須保護其占有該物。

如果有人問**爲什麼**應這樣，我只能以「普遍效用」這個理由來回答。如果這句話並不能表達「義務」強度的足夠意見，或不能說明該情緒特有的能量，那是因爲構成情操的，不單是理性的成分，而且有獸性的成分——渴望報復；而這種渴望是從涉及特別重大與感染力的「效用」引出其強度以及道德合理性。

所涉及的「效用」就是安全。一切的和每一種「善」，過了一段時間其全部價值都建基在「安全」之上的。因爲除了即時的滿足之外，再沒有什麼事物對我們有價值的，如果在次瞬間，一切事物都被剝奪，不論是被什麼人奪去，只在那一瞬間是強過我們。所涉的情緒是極有力的，我們確信在別人（大家有同樣的利害關係）得到反應的意見。「應」和「該」就成爲「必」，而被認爲「不可或缺」就變成爲道德的「必要」了。

如果前面的分析——或類似分析——不是正義觀念之正確解釋；如果「正義」是完全脫離「效用」而獨立的，是**自爲**（per se）標準，心智只要內省就能夠認識它，那就很難理解爲什麼那內在的神諭是那樣曖昧不明的，爲什麼有這麼多的事物，是照其被認定的狀況而定爲公正或不公。

那麼，「公正的」與「權宜的」之間的分別，是否只不過是想像的呢？絕不是。我雖反對那不依據「效用」而立一個想像的正義標準之理論，我認爲依據於「效用」之正義，是道德全體的主要部分，而且是最神聖和有拘束力的部分，因爲它對人類福利，是比任何其他生活指導的規範還基本。合稱爲正義之道德規範，禁止人類互相損害、或干涉別人的自由，對人類是比那只指示在人類事務某部門之最佳的處置方法之準則更重要的。這些同樣強有力的動機，要求人遵守這些基本的道德，這些動機也命令對那些違背的人予以懲罰。自衛的衝動、保衛他人的衝動，與報復的衝動，都被喚起來反對那些違背道德者，故報應與正義的情操就成爲密切關聯了。

「正義」是包含在「效用」或「最大幸福原理」眞正意義之內的。如果不把某一個人的幸福與另一個人的幸福視爲同等（適當地容許有類別）的程度，「最大幸福原理」就不過形同具文。一切的人都有得到平等待遇的權利，除非有某些公認的社會權宜需要相反的情形。不合時宜的一切社會不平等都是不公的。

這裡所引述的考量，我認爲可把效益主義的道德理論，唯一的眞實困難解決了。一切有關正義之事件，也都是涉及權宜之事件；這常是極明顯的。不同之點是在於，前者帶有特殊的情操，如果對於這點差異有充分的顧及、如果沒有必要爲它設想任何特別的起源、如果它只是將怨恨的自然情緒道德化，以與社會的「善」之要求相一致、如果這種情緒不單是在各階級，且與正義的觀念相應的場合中都存在，而且也應存在，那這種觀念就不再是效益主義倫理的障礙了。某些十分重要的社會「效用」，比任何別的「效用」更是絕對和強制另成一個級別；稱之爲「正義」是很適當的。因此，它們應受——也自然而然是受——那以其要求的確定性質，與其制裁的嚴格特性，爲特色之情操所護衛。

名詞索引

一畫

二畫

三畫

四畫

五畫

六畫

七畫

八畫

九畫

十畫

博雅文庫 236

世界社會科學名著精要

Outline of Great Books

作　　者　約翰・亞歷山大・漢默頓（J. A. Hammerton）編著
譯　　者　柯柏年
審　　定　李華夏
發 行 人　楊榮川
總 經 理　楊士清
總 編 輯　楊秀麗
主　　編　侯家嵐
責任編輯　侯家嵐
文字校對　陳俐君
封面設計　王麗娟
出 版 者　五南圖書出版股份有限公司
地　　址　106台北市大安區和平東路二段339號4樓
電　　話　(02)2705-5066
傳　　真　(02)2706-6100
劃撥帳號　01068953
戶　　名　五南圖書出版股份有限公司
網　　址　http://www.wunan.com.tw
電子郵件　wunan@wunan.com.tw
法律顧問　林勝安律師事務所　林勝安律師
出版日期　2020年8月初版一刷
定　　價　新臺幣450元

本書譯文通過「經濟部智慧財產局」中華民國108年11月13日智著字第10800068940號函許可授權於臺、澎、金、馬地區重製(500)

國家圖書館出版品預行編目資料

世界社會科學名著精要 / 約翰.亞歷山大.漢默頓(J. A. Hammerton)編著；柯柏年譯；李華夏審定. -- 初版. -- 臺北市：五南, 2020.08
面；　公分
譯自：Outline of great books
ISBN 978-986-522-124-9（平裝）

1.哲學　2.世界傳記　3.學術思想

109.9　　109009377